MarkeZine BOOKS

デジタル時代の基礎知識

SNSマーケティング

「つながり」と「共感」で利益を生み出す新しいルール

第3版

株式会社コムニコ 代表取締役
長谷川 直紀

株式会社ジソウ 代表取締役
一般社団法人SNSエキスパート協会 理事
本門 功一郎

SE
SHOEISHA

はじめに

皆さんは、どのような理由で本書を手にとりましたか？

「年齢が若いから」「インターネットに詳しいから」という理由だけでSNS担当者に任命されて頭を抱えている人も多いのではないかと思います。

私は、SNSマーケティングの専業エージェンシーの経営や2016年に設立した一般社団法人SNSエキスパート協会を通じて、大手から中小企業まで様々な企業からSNS（ソーシャルネットワーキングサービス）に関する相談を受けています。その中で、多くのSNS担当者やマーケティング担当者からよく寄せられるのが、次のような悩みです。

- どんな投稿をしたらよいのかわからない
- 各SNSの使い分けを知りたい
- 投稿の分析方法がわからない
- 商品・サービスのファンを増やしたい
- 「いいね！」やコメントを増やしたい
- 炎上しないかと不安

本書は、これらの悩みに応える内容となっています。

◉ 2030年にマーケティング予算の半分が ソーシャルメディアに使われる!?

そもそも、「企業がSNSを使う必要が本当にあるのか？」と疑問を抱く方々もいるかもしれませんね。

実は、近代マーケティングの父とも呼ばれるフィリップ・コトラー教授は2030年までに、**マーケティング予算の50%がソーシャルメディ**

アに回されると予測しています。日本の広告予算は年間およそ7兆円なので、単純にあてはめれば年間3.5兆円もの予算がソーシャルメディアに使われる時代がくることになります。

INTRODUCTIONで詳しいデータとともに説明しますが、実際SNSは生活のインフラになっているといっても過言ではありません。

人が集まり、高精度にターゲティングできるSNSを活用しない手はありません。

● いちからSNSマーケティングがわかる！

このようにSNSは非常に有益なプラットフォームですが、その活用にはテレビや雑誌など、これまでのメディアとは全く異なるアプローチが求められます。企業にとってSNSは、Meta（Facebook）社の言葉を借りると、「Always On（常にONの状態でいること）」なのです。

本書では、マーケティング初心者の方でも理解できるように、SNS担当者に求められることをできるだけわかりやすい言葉で具体的に説明しています。

よく企業で使われるFacebook、Twitter、Instagram、LINEに加え、再注目されているYouTube、新興のSNSとしてTikTok、さらには音声プラットフォームまでを取り扱い、「SNSの使い方の基本」から「効果的なSNSマーケティング施策」についてまで、いちから説明しているので、SNSの選択の仕方、効果的な投稿内容、写真や動画の使いどころなどがわかるようになります。

皆さんにイメージをつかんでいただけるように、多くの企業の事例を交えながら説明していきます。

新たにSNS担当者に任命された方や今のやり方を見直したいマーケティング担当者の方にとって、本書がお役に立てれば幸いです。

2023年8月　　著者を代表して
株式会社コムニコ 代表取締役　長谷川 直紀

CONTENTS 目次

> CHAPTER 2

つながりを生むコンテンツのつくり方 ··081

> CHAPTER 3

コンテンツの分析方法 …………………… 123

INTRODUCTION

デジタル時代の
SNS マーケティング

No.
01 | SNSの利用者・利用時間はますます増えている!

　企業・個人・団体を問わず、SNSを使って情報発信することはめずらしいことではなくなりました。

　では、FacebookやTwitter、Instagram、LINE、TikTokといったSNSの利用者数や利用時間は実際どれくらいなのでしょうか。

　ICT総研の2012〜2022年度の「SNS利用動向に関する調査」によると、日本国内のユーザー数は年々増え続け、2013年末では約5,500万人だったSNSユーザーが、2024年末には約8,400万人に到達するとされています。また、SNSの利用率も2013年末では56.4%だったのが、2024年では83.2%（ネット利用人口約1億人に対して）になると予想されています。

　次に、令和3年度の総務省の調査を見てみましょう。ネットの利用項目の中で、平日・休日ともに全年代が最も時間を費やすのはYouTubeなどの「動画投稿・共有サービスを見る」、その次に「ソーシャルメディアを見る・書く」の項目が多いことがわかります（図1）。さらに年代別に見ると、10代・20代の利用時間が長い傾向にあります。また、休日の20代では、「ソーシャルメディア」と「動画共有サービス」の利用がどちらも100分を超えています。なお、30代を見ても「メール」や「ブログ」の利用時間よりも、ソーシャルメディアの利用時間の方が長くなっている点も注目です。特に休日はその差も大きくなっています。

　こうした実態からも、**改めて深く知っておくべきメディア**といえるでしょう。

図1 **令和3年度 ネット利用項目別利用時間（全年代・年代別）**

平日1日

単位：分	全年代 (N=3,000)	10代 (N=282)	20代 (N=430)	30代 (N=494)	40代 (N=648)	50代 (N=594)	60代 (N=552)
メールを読む・書く	35.7	19.6	20.1	36.0	39.9	50.9	34.5
ブログやウェブサイトを見る・書く	26.0	16.1	25.8	35.8	30.3	19.6	24.4
ソーシャルメディアを見る・書く	40.2	64.4	84.1	46.2	32.2	25.7	13.3
動画投稿・共有サービスを見る	43.3	89.3	83.2	43.0	35.7	25.0	17.3
VODを見る	14.1	13.2	32.1	17.8	11.4	8.1	7.0
オンラインゲーム・ソーシャルゲームをする	20.3	38.8	44.7	18.3	19.1	10.6	5.4
ネット通話を使う	4.2	5.3	14.0	5.1	1.5	1.7	1.2

休日1日

単位：分	全年代 (N=1,500)	10代 (N=141)	20代 (N=215)	30代 (N=247)	40代 (N=324)	50代 (N=297)	60代 (N=276)
メールを読む・書く	18.3	22.5	6.8	14.1	18.2	21.6	25.3
ブログやウェブサイトを見る・書く	25.7	19.9	26.6	39.0	27.2	23.2	16.8
ソーシャルメディアを見る・書く	45.1	74.2	114.2	50.5	32.0	22.7	11.3
動画投稿・共有サービスを見る	58.1	129.9	110.1	72.8	44.6	26.2	18.1
VODを見る	23.1	20.5	40.8	37.2	18.3	12.5	14.9
オンラインゲーム・ソーシャルゲームをする	31.7	65.4	67.7	35.2	29.2	12.9	6.8
ネット通話を使う	3.7	6.8	12.3	3.9	2.0	0.8	0.4

出典：総務省情報通信政策研究所「令和3年度情報通信メディアの利用時間と情報行動に関する調査報告書〈概要〉」のデータをもとに作成

URL https://www.soumu.go.jp/main_content/000831289.pdf

No.

02 SNSの情報拡散力

　マーケティングにおいてSNSを重視すべき理由は、高い利用率だけではありません。SNSには、**シェア機能による情報拡散力**という他のメディアにはない大きな特徴があります。

　図2は企業から生活者へ情報がどのように伝わっているのかを、メディアを中心に簡単な図式にしたものです。あらゆる情報がSNSを通じてシェア・拡散されていることが見てとれます。

　SNS利用者の目に留まった情報は一瞬でシェアされ、拡散されていくため、よい情報であれば非常に大きな話題になることもある半面、悪い情報であればいわゆる炎上にもつながります。その上、情報の拡散はSNS内にとどまらず、SNS上で拡散された翌日には、テレビ番組で「今SNSで話題の○○」「○○がネットで炎上中」と紹介されることも多くあります。企業のSNS投稿をきっかけに、マスメディアやネットメディアなどで取り上げられ、それを見た生活者がSNSで話題にする、といった循環が生まれ、拡散していきます。

● マスメディアとSNS

　企業の担当者視点で考えると、SNSが台頭する以前は、企業はテレビや新聞といったマスメディアを通じて、生活者へメッセージを届ける方法が一般的でした。しかしSNSを活用し、公式アカウントやユーザー自身の自然発生的な投稿（＝UGC）を通じて、**生活者と直接つながり、双方向のコミュニケーションが可能になりました**。「いいね！」やコメント、シェアなどのリアクションはもちろん、ファン自身のアカウントやDMなどで好意的なやりとりも期待できるでしょう。

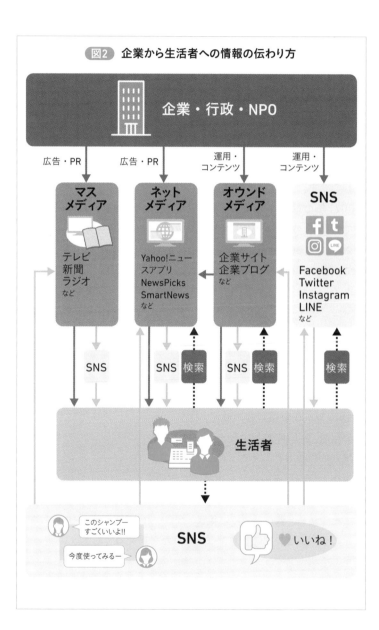

図2 企業から生活者への情報の伝わり方

企業・行政・NPO

広告・PR　広告・PR　運用・コンテンツ　運用・コンテンツ

| マスメディア | ネットメディア | オウンドメディア | SNS |

テレビ
新聞
ラジオ
など

Yahoo!ニュースアプリ
NewsPicks
SmartNews
など

企業サイト
企業ブログ
など

Facebook
Twitter
Instagram
LINE
など

SNS　SNS　検索　SNS　検索　検索

生活者

SNS

このシャンプーすごいいいよ!!

今度使ってみるー

♥いいね!

INTRODUCTION

No.
03

急成長する
SNSのマーケティング力

　SNSは、利用者の数を伸ばすと同時に利用者の年代の幅も広げてきました。図3は、2012年と2021年のSNS利用率を年代別に比較したものです。

　2021年にはLINEが全世代で広く利用されており、ほぼ90%を超えています。Facebookは30代で半数近い人が利用しており、Twitterは20代では80%近く、Instagramは20代で約80%の利用率をマークしています。2012年の全年代では、LINE以外のSNSは20%前後の利用率でしたが、2021年では平均しても約40%以上となっています。

　SNSごとにその利用率は異なりますが、今や**全年代の人に使われるメディアとなった**のです。

● SNSの変化

　2012年のソーシャルメディアの利用率を見ると、最も割合の高い20代でも、各SNSの利用率は50%弱であることがわかっています。そのため、SNSはあらゆるメディアの中でその存在は小さく、一部の企業のみが利用するメディアでした。

　しかし、利用者の数や利用時間が増加するにつれてSNSが及ぼす影響はますます大きなものとなり、サービス自体も発展してきました。そのため、現在は幅広い年代、幅広い趣味嗜好の人々に向けてコミュニケーションをとれるようになったといえるでしょう。

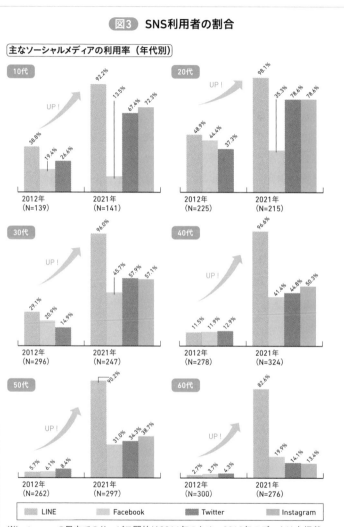

図3 SNS利用者の割合

主なソーシャルメディアの利用率（年代別）

10代
- 2012年（N=139）: 38.8%, 19.4%, 26.6%
- 2021年（N=141）: 92.2%, 13.5%, 67.4%, 72.3%

20代
- 2012年（N=225）: 48.9%, 44.4%, 37.3%
- 2021年（N=215）: 98.1%, 35.3%, 78.6%, 78.6%

30代
- 2012年（N=296）: 29.1%, 20.9%, 14.9%
- 2021年（N=247）: 96.0%, 45.7%, 57.9%, 57.1%

40代
- 2012年（N=278）: 11.5%, 11.9%, 12.9%
- 2021年（N=324）: 96.6%, 41.4%, 44.8%, 50.3%

50代
- 2012年（N=262）: 5.7%, 6.1%, 8.4%
- 2021年（N=297）: 90.2%, 31.0%, 34.3%, 38.7%

60代
- 2012年（N=300）: 2.7%, 3.7%, 4.3%
- 2021年（N=276）: 82.6%, 19.9%, 14.1%, 13.4%

凡例: LINE / Facebook / Twitter / Instagram

※Instagramの日本でのサービス開始は2014年のため、2012年のデータは未掲載
出典：総務省情報通信政策研究所「令和3年度情報通信メディアの利用時間と情報
　　　行動に関する調査報告書〈概要〉」のデータをもとに作成
URL https://www.soumu.go.jp/main_content/000831289.pdf

No.
04

フレームワークを用いた
生活者の心理プロセスを知る

　私たちは、商品・サービスを利用するまでに、どのように考え、行動するのでしょうか。これらの流れをモデル化したものが「生活者の購買行動モデル」です（図4）。

　生活者の購買行動モデルは、生活者の段階に応じて**適切なコミュニケーションや施策を考える際**に有効です。例えば、世代や性別を問わず、できるだけ多くの生活者に「認知」をしてもらうために「SNS広告を配信する」「マスメディアなどとのタイアップを行う」といった手段が考えられます。

　また、「比較・検討」の段階にある方には、SNS上での口コミなど**実際に利用した人の声・評判（＝UGC）**が背中を押すこともあるでしょう。その場合には、企業アカウントの他にも、一般ユーザーの声、レビューのほか、SNS上で影響力のある人（YouTuber、Instagrammerなど）が実際に商品・サービス・お店を利用したことなどを自発的に発信してくれるようなキャンペーンなども考えられます。

　このように、生活者の段階に寄り添ったコミュニケーションを心がけていくことが重要です。また、これらに加えて、企業の担当者は、次のことについても検討していく必要があります。

- **対象となる顧客像・ターゲット**
- **SNSの活用目的（KGI）**
- **計測すべき目標数値（KPI）**

図4 目的から考えるSNSの使用例

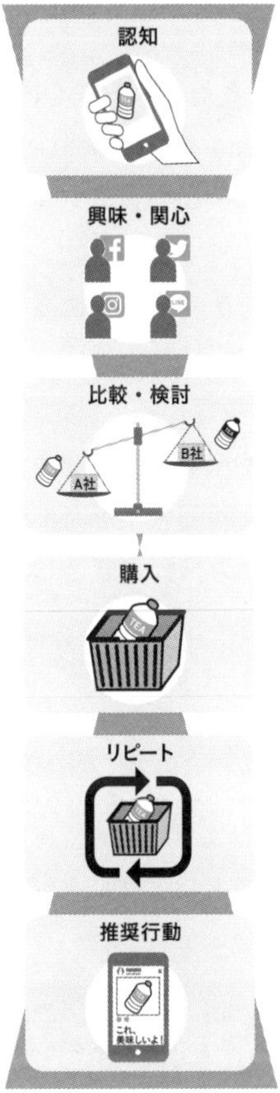

生活者の購買行動モデル		SNSの目的	SNS使用例
認知	認知獲得	潜在顧客の認知獲得	●SNS広告 ●マスメディアなどとのタイアップ
興味・関心	ファンの育成	ブランド好意度の向上	●インフルエンサーの活用 ●UGCの醸成（ハッシュタグキャンペーンなど）
比較・検討	ファンの育成	ブランド知名度の向上	●UGCの醸成 ●キャンペーンの実施
購入	ファンの育成	●購入意欲の向上 ●売上の向上	●評判・レビュー ●公式アカウント
リピート	関係性強化	NPSの向上	●ソーシャルリスニング ●アクティブ・パッシブサポート ●コメント返信
推奨行動	関係性強化	LTVの向上	公式アカウントでの情報発信

UGC：User Generated Content（ユーザー生成コンテンツ）の略称。CMやWebサイトではなく、ユーザー自身の投稿やブログ商品レビューなどの総称

NPS：Net Promoter Score（他者推奨意向度）の略称。ベイン・アンド・カンパニーが開発した企業やブランドに対してどれくらいの愛着や信頼があるかをスコア化したもの。具体的には、商品・サービスを友人や同僚に対してどれだけおすすめする可能性があるかを計測する

LTV：Life Time Value（顧客生涯価値）の略称。顧客が生涯を通じて企業にもたらす利益のこと。一般的に、顧客の商品やサービスに対する愛着が高いほどLTVが高まりやすいといわれている

No.

05

ググるからタグるへ
SNSで検索する時代に

SNSは、友人・知人とコミュニケーションをとるだけでなく、**「情報に出会う場」**ともいえます。Twitter・Instagram・YouTubeなどで、旅行先やメイク方法・デジタル家電のレビューなどをチェックしている方も多いのではないでしょうか。

また、ハッシュタグを用いることで、タグつきの情報を検索したり、自分自身で発信したりすることも可能です（図5）。

アジャイルメディア・ネットワークの調査結果によると、化粧品、ファッション、食料品に関する口コミが、購買や来店への影響力が高い傾向にあります（図6）。さらに、Instagramで毎日検索をしている人も多く、さらにその中の42%はその後何らかの行動を起こしていることがわかりました。また、日本の利用者の4人に1人は、Instagramで情報を検索する際にハッシュタグを利用しています。

● 企業もハッシュタグを活用すべきなのはなぜ？

ハッシュタグを利用しているのは個人だけではありません。特定のハッシュタグをつけて投稿したユーザーに、特典としてプレゼントをするキャンペーンをした企業事例もあります（4.2参照）。

SNSで商品・サービスに関連する投稿やハッシュタグが増えれば、それだけユーザーの目に留まりやすくなり、ハッシュタグによる検索数も増えていくと考えられるからです。

人々がSNSから情報を取得するようになったことで、これまでのようにただ単にホームページから発信しているだけでは、十分に情報を届けられているとはいえない時代がきているのです。

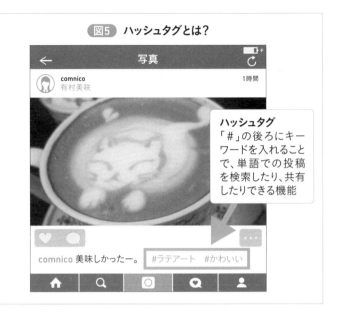

図5 ハッシュタグとは？

写真

comnico
有村美咲 1時間

ハッシュタグ
「#」の後ろにキーワードを入れることで、単語での投稿を検索したり、共有したりできる機能

comnico 美味しかったー。 #ラテアート #かわいい

図6 SNS×ジャンル影響力トップ10

順位	SNS	ジャンル	購入・来店経験率
1位	Instagram	化粧品	28%
1位	Instagram	ファッション関連（洋服・靴など）	28%
3位	Instagram	食料品	24%
3位	Twitter	食料品	24%
5位	ブログ	食料品	21%
5位	Instagram	日用品（シャンプー・洗剤など）	21%
7位	Twitter	化粧品	19%
7位	ブログ	デジタルガジェット（スマートフォン・PC・デジカメなど）	19%
7位	Instagram	外食店舗（来店）	19%
10位	ブログ	家電	18%
10位	ブログ	外食店舗（来店）	18%

出典：アジャイルメディア・ネットワーク株式会社「SNSのクチコミが購入・来店に与える影響調査（2022年）」
URL https://ecnomikata.com/ecnews/36562/

No.

06

企業の発信情報は、友人の ランチ情報にかなわない

　ここまでの話で、SNSの活用がこれからのマーケティングにおいていかに重要かが理解できたかと思います。

　しかし、単にSNSで企業が伝えたい情報だけを発信しても顧客には届きません。企業が発信する情報がユーザーに届きにくい背景を知っておく必要があります。

　例えば、企業の「新商品を発売した」という投稿の下に、友人の「ランチでカツ丼を食べた」という写真つきの投稿があれば、たいていの人は友人のランチ情報のほうに興味を持ちます（図7）。

　企業が発信する情報は、その内容に興味を持ってもらえなければ、ユーザーに表示されても、ほぼ読まれることなく流れていってしまうのです。

◉ 人気企業アカウントの担当者が意識していること

　人気企業アカウントの担当者は、次のことを常に意識しています。それは、「SNSの利用者は企業の情報だけを知りたくて利用しているわけではない」ということ。SNSは、基本的に人と人とがコミュニケーションをとるためのものです。このことをわかっていないと、発信力において企業が個人に劣る結果を招いてしまいます。

　個人と違って企業は、どんなに多くのフォロワーがいても、自分たちが一番発信したい情報のみを流すだけではだめで、工夫が必要なのです。

　これはユーザー側からすれば当たり前のことですが、SNSの担当者になると忘れてしまいがちなので、気をつけましょう。

図7 企業とユーザーの情報発信力の違い

◉ 話題になりにくい時代

発信する情報がユーザーに届きにくい背景にはもう1つ要因があります。それは、誰もが簡単に情報発信できるようになり、世の中に流れる情報量が増えたことです。一方で、私たちが消費できる情報量は変わっていません（図8）。私たちは、ほとんどの情報に触れることができないのです。

見方を変えれば、**発信した情報が話題になりにくい時代**といえるでしょう。

今は商品・サービスが成熟して他社との差別化が難しく、同じような新商品の発売情報があふれています。かつて、スポーツ飲料というカテゴリーがなかった時代は、ポカリスエットの発売が大きなニュースになり、多くの子どもたちはポカリスエットに夢中になりました。しかし、今ではどの飲料メーカーからもスポーツ飲料が発売されており、たとえその中で新たなスポーツ飲料が発売されたとしても、もう当時のように大きな話題になることはありません。

◉ 愛されるコミュニケーションを心がけよう

では、どうすれば企業が発信した情報を受け取ってもらえるのでしょうか？ それには、マーケティング活動自体が、"生活者に愛される"活動であることが重要です。**生活者に「うれしい」「ありがたい」「好きだな」と思ってもらえるようなマーケティング活動が求められているのです。**

例えばSNSを使ったマーケティングならば、商品情報と一緒にちょっとしたお役立ち情報も発信できます。

洗剤メーカーであるフロッシュのInstagramでは、アルコール消毒することが増えた生活環境の変化を踏まえて、手にも優しい点を紹介しています（図9）。また、自社製品だけでなく、食器洗いの前にハ

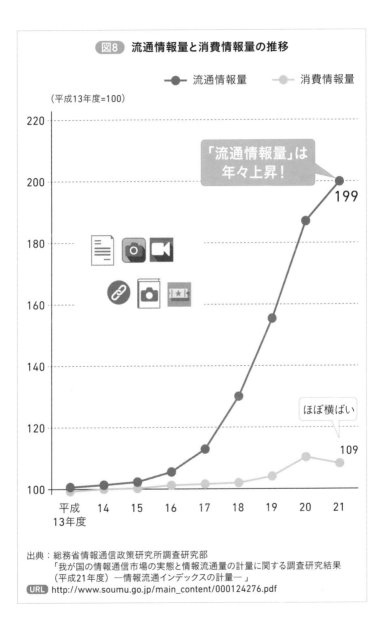

図8 流通情報量と消費情報量の推移

流通情報量　消費情報量

（平成13年度=100）

「流通情報量」は
年々上昇！

199

ほぼ横ばい

109

平成
13年度　14　15　16　17　18　19　20　21

出典：総務省情報通信政策研究所調査研究部
「我が国の情報通信市場の実態と情報流通量の計量に関する調査研究結果
（平成21年度）―情報流通インデックスの計量― 」
URL http://www.soumu.go.jp/main_content/000124276.pdf

ンドクリームを使うことを推奨しています。

　手荒れといった日常的に抱えやすい悩みに対して、解決方法を提示することで、商品やアカウントに対する好意的な反応を期待できるでしょう。

◉ 訪れた人に定着してもらうには？

　もし役立つ情報が継続的に発信されていれば、そのアカウント自体に好意を持ってフォローしてくれることもあるでしょう。

　一方で、「○○新発売！」などといったあからさまな企業や商品情報のみであれば、あらかじめその商品に興味のある人以外にも関心を持ってもらうことは難しいでしょう。一度フォローしたとしても、フォローし続ける動機がなくなればすぐに外され、その時点からそのユーザーにはどんな情報も一切届かなくなってしまいます。

　つまり、これからのマーケティング活動では、**ユーザー中心に物事を考えていく必要がある**のです。そうしなければ、どんな働きかけもことごとく無視され、ブランドも商品も埋もれてしまいます。

　SNSは、良い反応も悪い反応も即座にフィードバックが受けられる点で優れたマーケティングツールです。ユーザーから返ってくるフィードバックが多ければ多いほど、基本的にはそのコンテンツが愛されているといえます。反対に、反応が得られない時には、コンテンツの見直しも検討していく必要があります。

　世の中の情報量が増えたことで、私たち生活者の情報消費は変化してきました。したがって、企業は、その情報消費行動の変化に寄り添ったコミュニケーションを心がけることが必要です。生活者にとって役に立つ情報や商品を使うメリットを投稿するなど、ユーザーに共感されやすい投稿を意識しましょう（企業の投稿事例はCHAPTER 2参照）。

図9 フロッシュのお役立ち情報投稿例

いいね！ ■■■■■■、他

frosch.jp コロナ禍により、当たり前の習慣となった手のアルコール除菌。

冬になると乾燥で、さらに手荒れが気になる！ という方も多いのではないでしょうか。

そのような方にぜひ使っていただきたいのが、フロッシュ®です 🐸

Point
- コロナ後の生活の変化を意識した投稿
- 手荒れに悩む方に具体的な利用シーン・活用方法（Tips）などのお役立ち情報

出典：フロッシュ（@frosch.jp）のInstagramアカウント
URL https://www.instagram.com/p/Cl5B3bjSh9l/

No.

07

企業の投稿・ファンの
口コミはなぜ重要?

◉ 投稿や口コミが、購買行動に与える影響

　図10・図11は、SNSにおける企業や友人の投稿(=UGC)が、気持ちや行動にどのような変化を与えたかを調査したものです。企業アカウント・友人の投稿、どちらも「ブランド/製品に興味を持った」経験があるという回答が約70〜80%以上と最も高く、さらに「製品の購入・来店・利用頻度が高まった」経験があるという回答が友人の投稿では40%以上、企業の投稿では60%を超える結果になりました。また、「SNS上で情報をシェア、話題にした」「ブランド/製品について(対面で)人に話した」といった人への推奨行動も40%以上見られます。このように、ポジティブな気持ち・行動の変化(これらを態度変容と呼びます)につながっていることがわかります。

　これらは前節でもお伝えしたとおり、ネガティブな投稿や口コミではなく、愛されるコミュニケーションやポジティブ口コミであることが前提となりますが、**具体的なアクションにつなげられること**が明らかになっています。

　このことから、公式アカウントでの情報発信・良質な口コミが企業・製品・ブランドへの前向きな変化につながり、ひいては購入・来店・利用につながっていくことがわかります。言い方を換えれば、「フォロワーが増える」「UGCが増える」とは、巡り巡って**将来のファン・顧客との関係を深めていく活動**ともいえるでしょう。

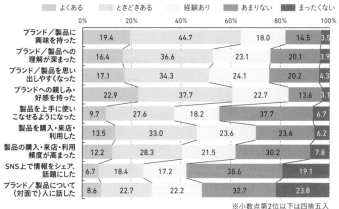

図10 企業の投稿による態度変容

Q：企業の公式SNSアカウントの投稿に触れることで、どのような変化が生じていますか？

凡例：よくある　ときどきある　経験あり　あまりない　まったくない

	よくある	ときどきある	経験あり	あまりない	まったくない
ブランド／製品に興味を持った	19.4	44.7	18.0	14.5	3.5
ブランド／製品への理解が深まった	16.4	36.6	23.1	20.1	3.9
ブランド／製品を思い出しやすくなった	17.1	34.3	24.1	20.2	4.3
ブランドへの親しみ・好感を持った	22.9	37.7	22.7	13.6	3.1
製品を上手に使いこなせるようになった	9.7	27.6	18.2	37.7	6.7
製品を購入・来店・利用した	13.5	33.0	23.6	23.6	6.2
製品の購入・来店・利用頻度が高まった	12.2	28.3	21.5	30.2	7.8
SNS上で情報をシェア、話題にした	6.7	18.4	17.2	38.6	19.1
ブランド／製品について（対面で）人に話した	8.6	22.7	22.2	32.7	23.8

※小数点第2位以下は四捨五入

出典：コムニコ調査（2018年実施、N数＝1,036人、18〜39歳）

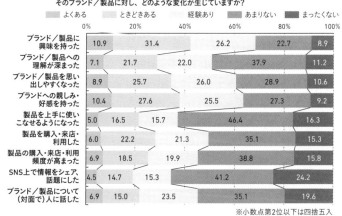

図11 友人の投稿による態度変容

Q：SNS上で自分の友人が、ブランド／製品についておすすめしているのを見たときに、そのブランド／製品に対し、どのような変化が生じていますか？

凡例：よくある　ときどきある　経験あり　あまりない　まったくない

	よくある	ときどきある	経験あり	あまりない	まったくない
ブランド／製品に興味を持った	10.9	31.4	26.2	22.7	8.9
ブランド／製品への理解が深まった	7.1	21.7	22.0	37.9	11.2
ブランド／製品を思い出しやすくなった	8.9	25.7	26.0	28.9	10.6
ブランドへの親しみ・好感を持った	10.4	27.6	25.5	27.3	9.2
製品を上手に使いこなせるようになった	5.0	16.5	15.7	46.4	16.3
製品を購入・来店・利用した	6.0	22.2	21.3	35.1	15.3
製品の購入・来店・利用頻度が高まった	6.9	18.5	19.9	38.8	15.8
SNS上で情報をシェア、話題にした	4.5	14.7	15.3	41.2	24.2
ブランド／製品について（対面で）人に話した	6.9	15.0	23.5	35.1	19.6

※小数点第2位以下は四捨五入

出典：コムニコ調査（2018年実施、N数＝1,036人、18〜39歳）

No.

08 BtoBや検討期間の長い 製品のSNSの役割

　図12にあるとおり、BtoB業界では購買関与者が多く、検討期間も長くなります。価格や口コミ以外にも、製品の仕様、実績、担当者の提案力なども導入の判断材料になります。つまり、SNSの情報だけで製品・サービスが導入されるとは限らず、**売上や集客以外の目的、役割を検討すること**も重要です。

◉ 企業のSNSの活用例

　図13にあるように、様々な企業がSNSを活用しています。

　例えば電子契約サービスのクラウドサインでは、「電子契約のメリット・デメリット」「電子帳簿保存法の解説」など企業の管理責任者が知りたい情報を文章で紹介しています。また、YouTubeではすでに導入済みの方に、操作手順などを公開しています。

　楽天証券では投資メディア「トウシル」を運営し、「株主優待」「配当」「為替入門」など、投資初心者から経験者まで、資産運用のノウハウを紹介しています。メルマガやTwitterでは、「トウシル」のダイジェストを投稿し、記事への誘導を図っています。YouTubeでは「為替変動のトレンド・メカニズム」など、短文では説明が難しい複雑なテーマを10〜20分程度で解説しています。つまり、口座開設後の顧客向けの発信をしています

　この他にも、デンソー、大京警備保障のように、社員や経営メンバーが自ら登場し、企業名や事業内容の認知を高めて採用などにつなげている例もあります。

図12 BtoCとBtoBマーケティングの違い

	BtoC	BtoB
❶対象	生活者	法人や団体
❷顧客数	多い	少ない
❸購買関与者	1人	複数かつ多層
❹利用者	多くの場合、購買者と同じ	購買者と同じとは限らない
❺購買目的	所有、体験、もしくは課題解決	課題解決
❻検討期間	短期間	長期間
❼購買の際に重視される点	ブランドや付加価値も影響	機能や実績など
❽購買単価	少額（数百円〜数万円）	高額（数十万円〜数億円）
❾スイッチ	容易	困難
❿購入	販売員やECサイト	営業パーソン

出典：SAIRU「BtoBマーケティングの手法大全 – 社内会議で使える77個の施策アイデア」

URL https://sairu.co.jp/method/2483/

図13 SNSを活用している企業の例

目 的	企業名	製品または サービス	運用 メディア	URL
採用広報	株式会社 デンソー	自動部品	Instagram	https://www.instagram.com/denso_official/
会社案内・ 人材募集	大京警備保障 株式会社	交通誘導や 巡回などの 警備サービス	TikTok	https://www.tiktok.com/@dkykeibi_tokyo
見込み顧客との つながり	株式会社 クラウドサイン	電子契約 サービス	● ブログ ● YouTube	https://www.cloudsign.jp/media/
既存顧客向けの フォロー	楽天証券 株式会社	株式・FXなどの ネット証券	● 自社ブログ ● YouTube	https://www.youtube.com/@RakutenSec/

COLUMN　ブランドの本当の意味

　ここまで、「ブランド」という言葉が何度か出てきました。ブランドというと高級な商品・サービスのほか、それらの企業ロゴや理念、コピーのことを思い浮かべる方がいるかもしれません。

　ここでは、具体的な定義についても調べてみましょう。

　山口義宏氏は、『デジタル時代の基礎知識『ブランディング』』（翔泳社）の中で、ブランディングとは、「識別記号と知覚認知が結びついたもの」と定義しています。

　例えば、コカ・コーラの場合は次のとおりです（図14）。

「識別記号」

- 赤と白のロゴを見るだけで、誰でも存在と価値を直感的に理解できる
- ロゴに限らず、黒い液体や腰がくびれたビンの形を見ただけでも判別できる

　上記の「識別記号」を見たら、次のような「知覚価値」を無意識に思い浮かべます。

「知覚価値」

- 「炭酸飲料」
- 「さわやか」「刺激的」
- 「気分転換」
- 「歴史」「秘密のレシピ」

図14 ブランドは頭の中で「記号」と「価値」が結びついた総体

Brand Identity
ブランドの「識別記号」
※文字、音声、形、色、におい

- コカ・コーラのロゴ
- 赤と白の色
- 腰がくびれたビン

Brand Value
ブランドの「知覚価値」
※カテゴリー、人格、便益、論拠など

- 炭酸飲料
- さわやか、刺激的
- ハッピーな気分転換
- 歴史、秘密のレシピ

ブランドとは「識別記号」と「知覚価値」が接続した総体を指す。
「ロゴ」は記号の1つ、「高級」は価値の中の1つの選択に過ぎない

出典：山口義宏『デジタル時代の基礎知識『ブランディング』』（翔泳社）

つまり、「コカ・コーラ（ロゴやビンも含めて）」といえば、「さわやかな飲料」や「炭酸飲料」を連想するといったように、識別記号と知覚価値が結びついた総体が「ブランド」になります。また、「高級」も知覚価値ではありますが、ブランドそのものではないことがわかります。

例えば、「フルーツグラノーラ」といえば「ヘルシーな朝食」といったように、自社の商品やサービスの「識別記号」や「知覚価値」を言葉に落とし込んでみるのも、SNS活用のヒントになりそうです。

COLUMN　　ソーシャルメディアとSNSの違いとは？

　ソーシャルメディアとSNSについては、様々な組織や人がその違いについて語っており、明確な定義があるわけではありません。また、厳密にソーシャルメディアとSNSの違いを使い分けるケースは少ないかもしれませんが、できるだけ客観的にその違いについて整理してみましょう。

　総務省『平成27年版 情報通信白書』によれば、ソーシャルメディアとは次の特徴があるメディアだといわれています。

- **不特定多数の人と直接つながる（フォロー・友達）ことができる**
- **情報を受け取るだけでなく、発信することができる**

　ソーシャルメディアの種類の中にSNSやブログ、動画共有サイトなどが含まれ、具体的なサービス例としてFacebookやYouTubeがあると考えるとわかりやすいのではないでしょうか。つまり、ソーシャルメディアという大きなメディアの中にSNSや動画共有サイトが含まれるということです。

　また、LINEといえば一般的には友人とのメッセージのやりとりやグループトークなどを思い浮かべる方が多いでしょう。また、LINE Payなどの決済サービスを利用している方も多いのではないでしょうか。

　しかし、LINE公式アカウントでは、VOOMという機能を用いて不特定多数への情報発信ができ、友達としてつながっているファンとスタンプやコメントなどのやりとりができるなど、ソー

シャルメディア的な側面も持っています。

Twitter は SNS ではない !?

　図15は、代表的なソーシャルメディアを掲げたものです。ただし、本コラムの冒頭で述べたとおり、これが絶対的な分類ではありません。

　2017年には、当時のTwitter社のCEOジャック・ドーシーが「TwitterはSNSではなくインタレスト（興味）・ネットワーキング・サービス」であると発言したこともあります。

　このようにSNSやソーシャルメディアだけでは捉えられない側面があることも意識しておきたいところです。

図15 ソーシャルメディアの種類

種　類	サービス例
SNS （ソーシャルネット ワーキングサービス）	Facebook、Twitter、mixi、TikTok、Instagram、LinkedIn、LINE（一部の機能）
音声プラットフォーム	Voicy、stand.fm、Twitterスペース
ブログ	アメーバブログ、ココログ、ライブドアブログ、note
動画共有サイト	YouTube、ニコニコ動画、ツイキャス
情報共有サイト	トリップアドバイザー、価格.com、食べログ、クックパッド、@コスメ
ソーシャルブックマーク	はてなブックマーク

COLUMN　SNSのアルゴリズムの要点を考える

　SNSのアルゴリズムは、誰に何の投稿を表示するのか、順序を決めるルールを指します。また、投稿の内容を評価・分類するための仕組みやルールを指すこともあります。

　そして、表示順序を決める要素・要因を「シグナル」といい、数百以上のシグナルで構成されるといわれています。SNSごとの多少の差はあれ、主なシグナルは図16のとおりと考えられます。

図16　主要SNSの主なシグナルと要点

- ユーザー自身の好みや興味・関心
  「ファッション」「自動車」などといった興味・関心
  ⇒興味をひく写真や動画・理解しやすい文章・ハッシュタグ
- ユーザー間のやりとり
  「いいね！」、コメント、ストーリーズなどでの返信・DMなどの頻度
  ⇒フォロワーとの会話・コミュニケーション（「いいね！」、コメントやRT）
- SNS上での注目度の高さ
  他のユーザーから多くの「いいね！」やコメントを集めている話題・出来事
  ⇒「いいね！」やコメントなどのエンゲージメント⇄リーチ・インプレッションの向上
- ユーザーの行動履歴・視聴履歴（発見タブ・検索）
  「いいね！」やコメントなどのアクション、滞在時間など
  ⇒検索時の見つけやすさ（サムネイル、タイトル、名前、ハッシュタグなど）
- 投稿内容の新しさ
  タイムリーな情報や新機能の利用
  ⇒コツコツと継続的な投稿・新機能の積極的活用

　アルゴリズムは、日々変化するものなので、完全攻略はできません。
　しかし、アルゴリズムは本質的に「ユーザーが知りたい情報を発見し、つながりやすくするためのもの」と考えると、ユーザーとの対話・コツコツとした継続的な発信というシンプルな結論になるのではないでしょうか。

CHAPTER

1

基本知識と目的設定

No.

01

［フォーカスを決める］

SNSを始める前に
決めるべき4大要素

　SNSマーケティングで成果を上げるためには、企業アカウントを開設する前に大きく分けて次の4つを決めておく必要があります。それは、① **目的（KGI・KPI）**、② **ペルソナ**、③ **利用するSNS**、④ **運用ポリシー・運用マニュアル**です（図1）。それぞれについて詳しく見ていきます。

◉ ① 目的を設定しよう（KGI・KPI）

　まず、KGI（Key Goal Indicator：重要目標達成指標）・KPI（Key Performance Indicator：重要業績評価指標）と呼ばれる指標を定めます。

　「世の中の流れだから」「上司に言われたから」という理由で何となくSNSを始めてしまっては、何の成果も得られません。

　SNSは、あくまでもマーケティングの目標を達成するための手段です。SNSを運用すること自体が目標になってしまわないよう、まずは**何のために運用するのか、どのような状態になれば成果が出ているといえるのかを明確に**しましょう。

◉ ② 顧客は誰か考えよう（ペルソナ）

　SNSを活用する目的が決まったら、投稿するコンテンツの方向性を明確にするための前提として、**どのようなユーザーに情報を届けたいのかを深く掘り下げ**、ペルソナを設定しましょう。

◉ ③ SNSを選ぼう（利用するSNS）

　次に、その目標を達成するために最も適したSNSを決定します。

企業やブランドによってお客さまが異なるように、彼らがどの
SNSを活用しているかもまた異なります。

　利用するSNSを絞る場合は、各SNSのユーザー層や特徴を把握した
上で、**自社のペルソナや商品・サービスに合ったSNSを選ぶこと**が大切
です（各SNSの特徴については、1.7以降で詳しく説明します）。

◉④ 予期せぬ事態を想定しよう
　　（運用ポリシー・運用マニュアル）

　さらに、予期せぬ事態が起こってしまった場合でも慌てずに対応
できるよう、**運用ポリシーや運用マニュアルもあらかじめ作成しておく**
必要があります（1.16参照）。

　これらの準備をしっかり行うことで、長期にわたる企業のブランディ
ングを見据えながら、SNSを安定的に運用できるようになるのです。

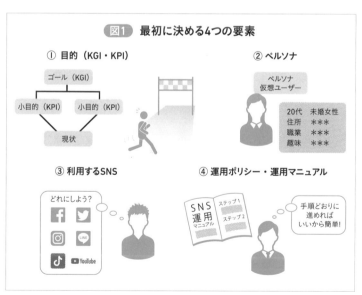

図1　最初に決める4つの要素

① 目的（KGI・KPI）
ゴール（KGI）
小目的（KPI）　小目的（KPI）
現状

② ペルソナ
ペルソナ
仮想ユーザー
20代　未婚女性
住所　＊＊＊
職業　＊＊＊
趣味　＊＊＊

③ 利用するSNS
どれにしよう？

④ 運用ポリシー・運用マニュアル
SNS運用マニュアル　ステップ1　ステップ2
手順どおりに
進めれば
いいから簡単！

No.

02

〔KGI・KPI〕

効果を知るために、
まずは目的を設定しよう

　初めに、SNSを活用していく際に大前提となるKGIを考えていきましょう。KGIとは、端的にいうと、SNSを活用する上での最終目的のことです。

● 自社にとっての目的は？

　例えば、ある商品の30〜40代の世代への認知度が30%、一方で20代は5%だったとしましょう。この場合、20代に知ってもらうために、若年層を中心にした新たなペルソナを設定し、彼らに対する「認知度の向上」をKGIに置いてみます。SNSの使用例としては、SNSの広告を用いてペルソナへの効率的なアプローチも図れますし、インフルエンサーを起用する方法も考えられます（図2）。

　この他に、ある一定の認知度はあるものの、競合が多く、業界でのシェアが低い時には、その商品やサービスに興味・関心を持ってもらえるようなプレゼントキャンペーンを企画し、競合他社に負けない「ブランド好意度の向上」なども考えられるでしょう。このように、**生活者の行動や自社のペルソナ、課題に基づいてKGIを設定します**（ペルソナについては1.14・1.15参照）。

　その他にも、「売上」や「購入意欲の向上」などのKGIは、SNSのアカウントやユーザーの投稿をきっかけとして自社サイトなどへの訪問・購入につながったのかなど、購買履歴を計測したり、自社サイトなどでは計測しきれない場合、Webアンケートを実施して、フォロワーやファンになってから、行動や気持ちがどのように変化したのかを調査・分析したりする必要があります（CHAPTER 3参照）。

図2 KGIはSNSの目的

KGI

生活者の 購買行動モデル	SNSの目的	SNS使用例

認知

認知獲得 → 潜在顧客の
認知獲得 ←
- ●SNS広告
- ●マスメディアなどとの
タイアップ

興味・関心

ブランド好意度の
向上 ←
- ●インフルエンサーの
活用
- ●UGCの醸成
（ハッシュタグキャン
ペーンなど）

比較・検討

A社 B社

ファンの育成 → ブランド知名度の
向上 ←
- ●UGCの醸成
- ●キャンペーンの実施

購入

- ●購入意欲の向上
- ●売上の向上 ←
- ●評判・レビュー
- ●公式アカウント

リピート

NPSの向上 ←
- ●ソーシャルリスニング
- ●アクティブ・パッシブ
サポート
- ●コメント返信

推奨行動

関係性強化 → LTVの向上 ←
公式アカウントでの
情報発信

これ、美味しいよ！

UGC ： User Generated Content（ユーザー生成コンテンツ）の略称。CMやWebサイトではなく、ユーザー
自身の投稿やブログ商品レビューなどの総称

NPS ： Net Promoter Score（他者推奨意向度）の略称。ベイン・アンド・カンパニーが開発した企業やブ
ランドに対してどれくらいの愛着や信頼があるかをスコア化したもの。具体的には、商品・サービスを
友人や同僚に対してどれだけおすすめする可能性があるかを計測する

LTV ： Life Time Value（顧客生涯価値）の略称。顧客が生涯を通じて企業にもたらす利益のこと。一般的に、
顧客の商品やサービスに対する愛着が高いほどLTVが高まりやすいといわれている

◉ 目的を達成するための目標値を考えよう

　続いてもう1つの指標であるKPIを見てみます。KPIとは、最終目的であるKGIの達成度合い、その過程を評価する指標です。端的にいえば、最終目的までの中間指標です。

　このような関係上、KPIはKGIによって変わります。KGIが「若年層への認知度の向上」であれば、「どれだけの若年層に情報を見てもらえたのか」を評価するために、例えば20代のファン（フォロワー）数やリーチ数、インプレッション数をKPIに設定するとよいでしょう。また、KGIが「ブランド好意度の向上」であれば、実際に商品を購入したユーザーのSNS投稿（=UGC）や、指名検索数、公式アカウントの投稿に対する「いいね！」数やコメント数、リツイート数などの共感や支持的な行動をKPIに設定するのもよいでしょう（図3）。

　KPIの具体的な数値の決め方でおすすめの1つは、競合となる企業のアカウントの実績を参考にすることです。

　詳しくは1.4で述べますが、競合他社のファン数や1投稿あたりの平均「いいね！」数などを集計し、その中でトップを目指すのか、平均を目指すのかといったことから考えます。もし競合他社がSNSを活用していない場合は、業界が異なってもSNSをうまく利用している企業を参考にしましょう。

◉ KGIとKPIは従属関係で考える

　KGIとKPIは混同されやすいですが、**従属的な関係である**必要があります。KGIが認知の向上なら、これらを達成するのに必要な要素・要因は何かを考えてみましょう。「認知の向上には、多くの人の目に触れることが重要な要素なので、ファン数やリーチ、言及数を設定する」といったように考えるとわかりやすいです。

図3 効果測定のポイントは目的別に整理すること

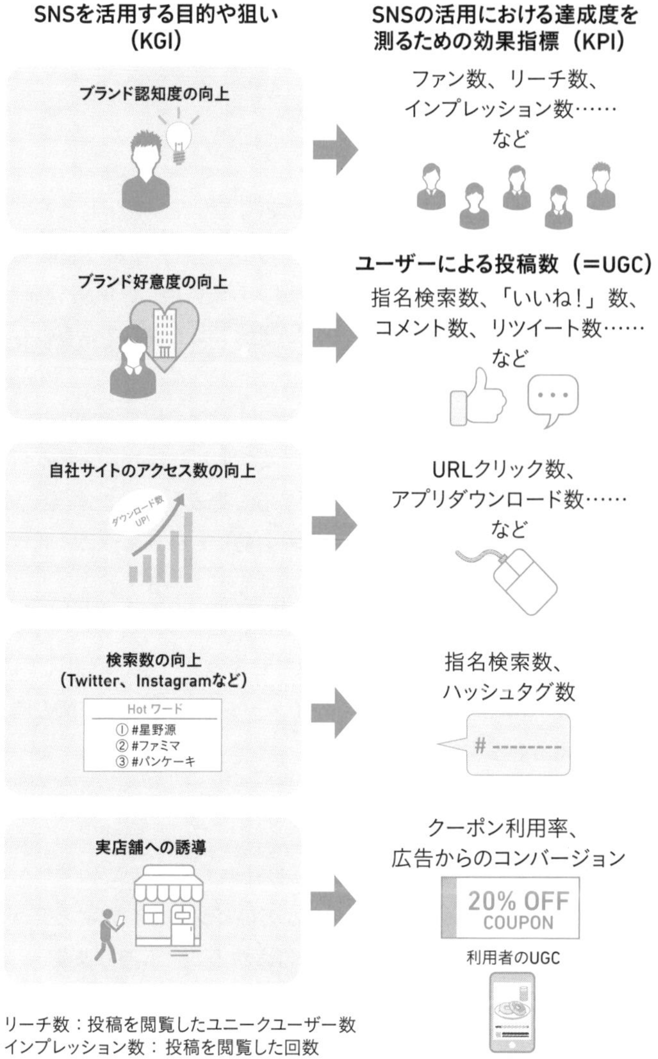

SNSを活用する目的や狙い（KGI）

SNSの活用における達成度を測るための効果指標（KPI）

ブランド認知度の向上

ファン数、リーチ数、
インプレッション数……
など

ブランド好意度の向上

ユーザーによる投稿数（＝UGC）
指名検索数、「いいね！」数、
コメント数、リツイート数……
など

自社サイトのアクセス数の向上

ダウンロード数 UP！

URLクリック数、
アプリダウンロード数……
など

検索数の向上
（Twitter、Instagramなど）

Hot ワード
① #星野源
② #ファミマ
③ #パンケーキ

指名検索数、
ハッシュタグ数

#--------

実店舗への誘導

クーポン利用率、
広告からのコンバージョン

20% OFF
COUPON

利用者のUGC

リーチ数：投稿を閲覧したユニークユーザー数
インプレッション数：投稿を閲覧した回数

No.

03

〔KGI〕

KGIを決める際の ポイント

◉ 中期計画資料を見る

　商品・サービスの認知度を向上したいと考えた時、具体的にどの部分の認知度を向上させたらよいでしょうか？　前節のように、現状やこれまでの課題、調査結果から導き出す方法の他に、IR資料など、**未来に向けた中期経営計画の中で、SNSが担う領域を探してみる**のもよいでしょう。

　串カツ田中ホールディングスの2022年11月期の決算説明では、新業態として「韓国料理」をスタートと発表しました。トレンドとしてではなく大きな市場にブランドを展開すると発表しています（図4）。韓国料理といえば、「くるとん」（新店の名前）というように、純粋想起される（思い出せる）ブランドを目指すとしています。

　読者の皆さんも「韓国料理といえば〇〇」といったように、具体的に思い出せるブランドがないかもしれませんね。こうした状況では、SNSを活用して韓国料理店としてのイメージづくりや認知度の向上をKGIと考えるのもよいでしょう。

◉ 中期計画がなくても、社内でディスカッション

　上場企業のような資料がなくても、自社のお客さまにヒアリングしたり、中長期の課題を上司・経営者などのビジョンや数字を担う人たちと話したりすることで、ヒントが得られることもあります。

図4 経営計画資料からKGIを決める

出典:「株式会社串カツ田中ホールディングス 2022年11月期 決算説明資料」
 https://contents.xj-storage.jp/xcontents/AS06609/ab817ea0/4ba5/4f04/
9bac/2503440268e2/140120230113589465.pdf

No.
04
［KPI ①］
競合他社と比較して
KPIを決めよう

　KPIは、「ファン数（フォロワー数）」や「エンゲージメント率」などがよく設定されます。しかし、目標となる数値に悩む方も多いと思います。

　本章の02で紹介したように、**競合他社を数社ピックアップし、各社のファン数や「いいね！」数などと比較して決める**方法を詳しく見てみましょう（図5の例1）。

　まずは各社の数値を集計します。集計したら、それぞれ平均値を計算して業界内での標準ラインを出してみます。各社の値があまりにもかけ離れている場合（上位企業のファン数が多すぎるなど）には平均値ではなく中央値を出してみるのも有効です。

　このように他社と比較することで自社のポジションを把握しやすくなります。もし、競合他社がいない場合は、近しい業界の数値を基準とするのも1つの手です。例えば、自社が「ソフトウェア会社」であれば「IT製品」でページを立ち上げているところを探してみるといった具合です。

◉ スケジュールを立てる

　目標のファン数などを決めたら、次に図5の例2のようにどれぐらいの期間をかけて達成すべきか、簡易なスケジュールを立ててみましょう。半年から1年ぐらいかけて達成するケースが多いですが、SNS広告やキャンペーン（2.8参照）などの施策によっても変わりますし、最初に立てた目標から外れることもあります。運用しながら毎月の獲得ファン数などを見て調整していきましょう。

図5 他社を分析してKPIを決める例

●例1：2023年の8月1日〜31日など、特定の期間で、他企業のファン、フォロワー数、「いいね！」数などのKPIを集計する

企業	ファン数	「いいね！」数	コメント数	シェア数	エンゲージメント率
A社	2,500	200	120	35	14,20%
B社	2,300	233	52	49	14.52%
C社	5,000	150	63	62	5.50%
D社	4,500	500	22	41	12.51%
平均	3,575	270.75	64.25	46.75	10.68%

平均値から業界内の基準を見つける

●例2：競合他社のファン数を参考に年内のファン数5,000人を目指すことを決める

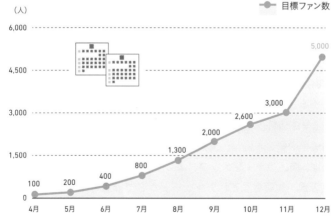

（人）　　　　　　　　　　　　　　　　　　　　　　　　　　　　　━●━ 目標ファン数

6,000

4,500　　　　　　　　　　　　　　　　　　　　　　　　　　　　　　5,000

3,000　　　　　　　　　　　　　　　　　　　　　3,000
　　　　　　　　　　　　　　　　　　　2,600
　　　　　　　　　　　　　　　2,000
　　　　　　　　　　　　1,300
1,500　　　　　　　　800
　　　　　　　400
　100　200

0
4月　5月　6月　7月　8月　9月　10月　11月　12月

インプレッション数やリーチ数のKPIは、他社と比較できないため、自社の前年比などを参考にして決める

No.

05 ［KPI ②］
自社独自のKPIを
どう決めるか？

● 自社の売上構造から考える

　競合と比較する場合、同業の規模を比較することには向いていますが、実際にどのように自社の売上や問い合わせにインパクトがあったかまではわかりません。

　それらを把握するためには、**自社の売上構造**から考えてみましょう。例えば、ある飲食店がTwitterやInstagramを活用してお客さまの来店数を増やしたいとします。

　そこでまず、飲食店の売上構造を次のように考えます。

売上 ＝ 来店数 × 顧客単価

　さらに、Twitterの投稿を見てくれた人のうち毎月1%が来店し、平均の客単価が1人あたり1,500円と仮定すると、図6のようなシミュレーションができます。業種が違う場合は、計算式を変えてみましょう。例えば自動車のディーラーの場合は、来店者のうちすべての人が購入するとは限らないので、上記の式に購買率を掛けます。

売上 ＝ 来店数 × 顧客単価 × 購買率

　購買率や顧客単価は、提案力・接客力にも左右されます。また顧客単価は、商品のラインナップによっても変わりますが、投稿を見た人の来店率、購買率などはアンケートなどで計測可能です。BtoBなどのようにリードタイムがある場合は、「来店数」を「お問い合わせ」に置き換えて考えることができます。「売上」を「商談件数」に置き換えてKPIに設定し、問い合わせフォームなどに、何をきっかけに問い合わせたかのアンケートを設置し、SNSによる成果を把握するようにしましょう。

図6 KPIを考える際のシミュレーション

項　目	4月	5月	6月
インプレッション	10,000	15,000	20,000
来店数（人）	100	150	200
売上（円）	150,000	225,000	300,000

項　目	7月	8月	9月
インプレッション	25,000	30,000	60,000
来店数（人）	250	300	600
売上（円）	375,000	450,000	900,000

来店者のうち、すべての人が購入するとは限らないケースでは、購買率・購入率を考慮する

平均購入単価100万円、購買率を10%と仮定した場合

項　目	4月	5月	6月
インプレッション	10,000	15,000	20,000
来店数（人）	100	150	200
購買数（人）	10	15	20
売上（円）	10,000,000	15,000,000	20,000,000

※来店したお客さまやお問い合わせ時にどのような情報を参考にしたかのアンケートをとり、SNSをきっかけに来場した人の数や問い合わせた人の数などを把握すること

Point

BtoB業界のように来店という概念がなく、購入までの検討期間が長いタイプの業界では、「来店数」→「お問い合わせ件数」、「売上」→「商談件数」に変更するなど、自社にあてはまるように項目を変更する

No.
06

〔各SNSユーザーの特徴〕

どのSNSを利用するのか見極める

SNSには、ユーザー層や利用シーンに応じてそれぞれ特徴があります。**特徴の違いを理解した上で、自社に適したSNSを選んで利用しましょう。**

◉ 各SNSユーザーの性別・年代

まず参考にしたいのが、各SNSのユーザーの主な年齢層です。皆さんの企業の商品・サービスのターゲットが多く利用しているSNSを選定しましょう。

図7は、Facebook、Twitter、Instagram、LINEのユーザー数を年代別に示したものです。

各SNSのユーザー数を見てみると、Facebookは30〜40代、TwitterとInstagramは20代が中心となっています。

Facebookの場合は50代にも利用されていますが、20代の利用者は約12%と少ないことから、30〜50代へのリーチに向いています。

一方Twitterは20〜30代の利用者が多いことから、学生や若手ビジネスパーソンなどにアプローチしたい時に有効といえます。Instagramの場合は、20代女性に人気があることがわかりますが、意外にも30代や40代の利用が多いことに驚く方も多いでしょう。

また、LINEの場合は全年代に広く使われています。メールの代わりにコミュニケーションツールとして個人で活用している方も多く、ユーザー数で見ると国内最大のメッセージアプリといえます。

図7 国内の男女別・年代別 主要SNS利用人数（推定値）

	Facebook			Twitter		
	全体	男性	女性	全体	男性	女性
10代（15歳~）	161,700	84,500	77,200	4,046,700	2,725,600	1,321,100
20代	3,200,300	1,628,500	1,571,800	14,333,900	10,001,900	4,332,000
30代	7,358,700	3,579,900	3,778,800	9,023,500	6,130,400	2,893,100
40代	7,358,700	3,977,700	3,381,000	5,021,200	3,326,800	1,694,400
50代	5,171,000	2,983,300	2,187,700	5,259,900	3,854,700	1,405,200
60代以上	3,341,400	2,187,700	1,153,700	0	0	0
全体	26,591,800	14,441,600	12,150,200	37,685,200	26,039,400	11,645,800
参考値（SNS各社発表の月間ユーザー数）	2,600万人			4,500万人		

出典：Insta Lab「【最新Excel配布中】日本・世界のSNSユーザー数まとめ
（Facebook,Twitter,Instagram,YouTube,LINE,TikTok）」
URL URL：https://find-model.jp/insta-lab/sns-users/

	Instagram			LINE		
	全体	男性	女性	全体	男性	女性
10代（15歳~）	4,314,400	1,863,000	2,451,400	4,743,600	2,742,400	2,001,200
20代	11,864,700	4,902,800	6,961,900	17,552,400	13,088,700	4,463,700
30代	10,491,900	4,216,400	6,275,500	11,703,100	6,888,100	4,815,000
40代	7,942,400	3,628,000	4,314,400	13,254,200	7,696,700	5,557,500
50代	3,628,000	1,863,000	1,765,000	14,079,200	9,378,700	4,700,500
60代以上	1,320,000	716,000	604,000	14,119,800	7,806,000	6,313,800
全体	39,561,400	17,189,200	22,372,200	75,452,300	47,600,600	27,851,700
参考値（SNS各社発表の月間ユーザー数）	3,300万人			9,500万人		

出典：Insta Lab「【最新Excel配布中】日本・世界のSNSユーザー数まとめ
（Facebook,Twitter,Instagram,YouTube,LINE,TikTok）」
URL URL：https://find-model.jp/insta-lab/sns-users/

◉ YouTubeとTikTokのユーザーの特徴

　続いて、YouTube と TikTok の特徴を見てみましょう。Google アドマネージャーを用いた試算によると、YouTube は18〜65歳以上を含め、全体で7,000万人とこちらも多くの利用者が存在しています（図8）。幅広い年代で利用されており、エンターテインメントからビジネス、専門的なジャンルまで、アップされている動画も豊富です。近年では著名な芸能人・専門家がYouTubeで活動することもめずらしくありません。

　TikTok はショートムービーの作成や加工ができるSNSです。あらかじめ用意された楽曲と、撮影した動画や写真を気軽に15〜60秒にまとめられる点が魅力です。2021年の App Annie によると、ユーザー数は1,690万人を突破しました。利用率から見た試算によると、10代・20代の女性が最も多いことがうかがえます（図9）。

　「レコメンド」というタブでは、ユーザーの興味・関心に基づいた投稿が閲覧でき、「トレンド」タブではTikTok公式のお知らせや、人気急上昇のハッシュタグ・楽曲・エフェクトなど、流行りを見ることができます。「#一筆書きチャレンジ」、「#おうちごはん」、「#勉強方法」などのテーマに対し、様々なユーザーやクリエイターが投稿していることがわかります。

　画面左上の「ライブ」では人気ライバーなどが公式アカウントを用いて動画やライブ配信をしているのもチェックできます。インサイト機能を用いれば、フォロワー数の推移はもちろん、動画の視聴数、性別、地域、フォロワー間での人気の楽曲などのデータも確認できます。

　また、TikTokクーポン（Tikポン）によって、コスメショップやゲームアプリで利用できる割引、ギフトなどが利用できるのも特徴です。

図8 YouTubeの男女別・年代別の利用人数（推定値）

リーチボリューム	▶ YouTube		
	全体	男性	女性
18〜24歳	25,815,900	15,830,500	9,985,400
25〜34歳	20,457,800	13,395,000	7,062,800
35〜44歳	11,812,000	7,549,900	4,262,100
45〜54歳	8,767,600	5,236,200	3,531,400
55〜64歳	2,922,500	1,704,800	1,217,700
65歳以上	1,924,000	1,132,500	791,500
全体	71,699,800	44,848,900	26,850,900
参考値 広告による試算月間ユーザー数	7,000万人		

※インプレッションの割合から算出しているため、ユーザー数が実人口より多くなっている

出典：Insta Lab「【最新Excel配布中】日本・世界のSNSユーザー数まとめ（Facebook, Twitter,Instagram,YouTube,LINE,TikTok）」

URL https://find-model.jp/insta-lab/sns-users/

図9 TikTokの男女別・年代別の利用人数（推定値）

リーチボリューム	♪ TikTok		
	全体	男性	女性
18〜24歳	7,167,300	2,861,300	4,306,000
25〜34歳	4,813,600	1,966,900	2,846,700
35〜44歳	3,820,700	1,631,800	2,188,900
45〜54歳	3,068,700	1,380,800	1,687,900
55〜64歳	1,603,800	670,200	933,600
65歳以上	0	0	0
全体	20,474,100	8,511,000	11,963,100
参考値（SNS各社発表の月間ユーザー数）	1,690万人		

出典：Insta Lab「【最新Excel配布中】日本・世界のSNSユーザー数まとめ（Facebook, Twitter,Instagram,YouTube,LINE,TikTok）」

URL https://find-model.jp/insta-lab/sns-users/

No.
07

［SNSの特徴 ①］
ターゲットの精度が強力な Facebook

　Facebookにおける国内の月間アクティブユーザー数は約2,600万人（2020年3月発表）です。全体の利用者は少しずつ増加しており、主にビジネスパーソンのコミュニティを中心に利用されています。年齢で見ると30〜40代が最も多く利用しています。

　また実名制で、メッセージ機能が充実しているため、プライベートだけでなく、同僚や取引先などビジネスの連絡にも活発に利用されており、**他のSNSと比べてフォーマルな場**といえるでしょう（図10）。

● ターゲットの精度が高いサービス

　Facebookページという機能を用いて企業のページを開設することができます。テキストや写真、動画の投稿に始まり、外部サイトのリンクシェア、複数の写真を投稿できるアルバム機能、イベントページの作成、24時間公開される「ストーリーズ」など、企業にとっても利用しやすい幅広いコンテンツが用意されています。

　企業ページが「いいね！」されると、「いいね！」を押してくれた人（ファン）のタイムラインに情報が表示されるようになります。ファンの年齢層や男女比、「いいね！」やコメントを多くもらえた投稿など、分析機能を使って調べることもできます。

　また、**広告のターゲティング精度が高いことも大きな強みです。**Facebookは登録する際に、本名以外に、生年月日と性別が必要であること、居住地などの個人情報を登録している人が多いことから、広告ターゲットの設定時には、年齢や性別、地域に加え、学歴や興味・関心など、細かく指定できるようになっています。

図10 Facebookの特徴

国内ユーザー数	約**2,600**万人
コンテンツの種類や機能	●テキスト ●ストーリーズ ●画像 ●カルーセル広告 ●リンク ●「アクションボタン」投稿 ●リール ●LIVE動画
特　徴	●フォーマルな場  ●コンテンツが豊富  ●広告のターゲティング精度が高い 

カルーセル：1つの投稿で複数の画像とURLを閲覧できるタイプの投稿

出典：ITmediaビジネスONLINE「Facebookが注目する『中小企業』と『地方』」をもとに作成

URL http://www.itmedia.co.jp/business/articles/1709/15/news038.html

No.
08

［SNSの特徴 ②］
リアルタイム性や拡散性が強い Twitter

Twitterの国内の月間アクティブユーザー数は約4,500万人（2017年10月発表）で、特に20代の利用が活発です。ただ実名制であるFacebookが基本的に1人につき1アカウントであるのに対し、Twitterでは1人で複数のアカウントを所持していることもめずらしくありません。**月間アクティブユーザー数はアカウント数がベースとなっているため、実際の利用者数はその点を考慮する必要があります。**

● リアルタイム性の高いサービス

近況報告や情報収集目的の利用が多いため、**ニュースや話題が頻繁に共有されるリアルタイム性の高いSNS**といえるでしょう（図11）。

テキストは1投稿あたり140文字まで（半角英数字は0.5文字で計算）ですが、有料プランの「Twitter Blue（Webサイトでの価格：月額980円）」では、500文字まで投稿できます。他者の投稿を共有するためのリツイート（RT）機能が活発に利用されており、投稿のハッシュタグを検索して閲覧することも文化として根づいています。そのため、リツイートやハッシュタグなどを通じてフォロワー以外の人にも見てもらえることも多く、拡散性は他のSNSと比較して高いです。

Twitterアナリティクスを用いれば、投稿が見られた回数やプロフィール閲覧数なども見ることができます。他にも、ユーザーが商品やサービスを利用した際の感情や行動などを把握する、ソーシャルリスニングや、利用時の困りごとなどを解決するアクティブ・サポートなどの方法があります。

図11 Twitterの特徴

国内ユーザー数	約**4,500**万人
コンテンツの種類や機能	●テキスト（140文字、有料プランのTwitter Blueでは500文字） ●リンク ●画像 ●動画 ●LIVE動画 ●音声ツイート（1投稿140秒、最大25スレッド、合計58分） ●スペース
特　徴	●リアルタイム性  ●拡散性  ●ハッシュタグ 　#hashtag ●ソーシャルリスニング、アクティブ・サポート 

国内ユーザー数は、Twitter Japanのツイートを参照
URL https://twitter.com/TwitterJP/status/923671036758958080

No.

09

［SNSの特徴 ③］

写真・動画・リール・ライブを フル活用できるInstagram

Instagramは、**近年最も著しく成長しているSNS**です。国内ユーザー数は増え続けており、2016年12月時点では1,600万人でしたが、2020年4月には3,300万人を突破しました。男女比はおよそ4：6で、女性がやや多く利用しています。

◉ ビジュアルを重視するサービス

サービス開始当初は写真の投稿に特化していましたが、動画の投稿も可能になったり、24時間で投稿が自動消去される「ストーリーズ」、短尺の動画「リール」など、様々な使い方があります。2023年には、Threads（スレッズ）というテキスト中心のコミュニケーションアプリもスタートし、ますますの成長が期待されます（図12）。

特に、ファッション・旅行・料理などに関心が高いユーザーが多い傾向があります。INTRODUCTIONでも紹介したとおり、トレンドやレビューなど情報収集にも利用されており、スポット検索やハッシュタグ検索・発見タブなどの機能も充実しています。また、テキストのみの投稿もできます。なお、Threadsは最大500文字、リツイートのようなシェア機能もあります。

ビジュアル重視と思われがちですが、近年、「日経新聞（@nikkei_young）」の公式アカウントでは、難しい経済用語をわかりやすく解説したり、楽天証券（@rakutensec）では投資関連の情報を定期的に発信したりするなど、テキスト情報をわかりやすく紹介するアカウントも登場しています。Instagramに合いそうにない場合でも、工夫とコンテンツでファンを増やしている事例も存在します。

図12 Instagramの特徴

国内ユーザー数	約3,300万人
コンテンツの種類や機能	●画像　　　　　●動画 ●カルーセル広告　●リール（ショート動画） ●ストーリーズ（24時間限定） ●ストーリーズでLIVE配信可能 ●Threads（テキストコミュニケーション）
特　徴	●写真や動画が中心（ビジュアル重視のものから・雑誌風のものまで）  ●近年では、ハイライト機能やストーリーズを使ったアンケートキャンペーンも  ●ハッシュタグのフォロー、Instagram内での検索も一般的に 「#おうちごはん」「#instaphoto」など、ハッシュタグそのものをフォローして、そのタグがついている写真や動画の閲覧が可能に #hashtag

国内ユーザー数は、Facebook Newsroom「Instagramの国内月間アクティブアカウント数が3300万を突破」（2019年6月7日）を参照
URL https://about.fb.com/ja/news/2019/06/japan_maaupdate-2/

CHAPTER

1

No.

10

［SNSの特徴 ④］

ユーザー数 No.1 の LINE 活用法

　LINEの国内ユーザー数は9,500万人（2023年6月時点）と、本書で紹介するSNSの中でも最大で、幅広い世代に利用されています。また、LINE Payなどの決済機能も充実しています。

◉ 飲食店から官公庁まで活用されているサービス

　LINEでは、LINE公式アカウントを活用することで、**ユーザーに直接メッセージを届けられるほか、企業によるスタンプ（イラストで感情表現するもの）を作成すれば、ユーザー同士のコミュニケーションで使用してもらえる**という特徴があります（図13）。

　"友だち"や企業が投稿した近況やお知らせなどを閲覧できる「VOOM」機能のほか、個別に直接やりとりできる「トーク」機能が存在します。VOOMには、テキストはもちろん、画像や動画、位置情報、URLなどを投稿でき、VOOMに流れてきた情報をトークでシェアするといった使い方も可能です。LINE公式アカウントのトークを訪れた際に、画面下部に大きく占有できるリンクを載せることもできます。

　LINEにおける企業と個人のトークのやりとりは他のSNSと異なりクローズドな環境のため、個別の連絡や会員向けスタンプ、リサーチなど、個人と企業をつなぐサービスが充実しており、購買、顧客との関係づくりまで幅広く対応できます。

　LINE公式アカウントはフリープランから始められ、クーポン、ショップカード、予約機能など、特に集客力に優れた機能が豊富です。価格は、公式Webサイトの媒体資料をチェックしてみましょう。

図13 LINEの特徴

	LINE
国内ユーザー数	約**9,500**万人
コンテンツの種類や機能	●テキスト　　　　●画像 ●チャット機能　　●動画 ●リサーチ　　　　●リンク ●リッチメッセージ ●VOOM ●自動応答／スマートチャット
特　徴	●トークとVOOMの2つがある 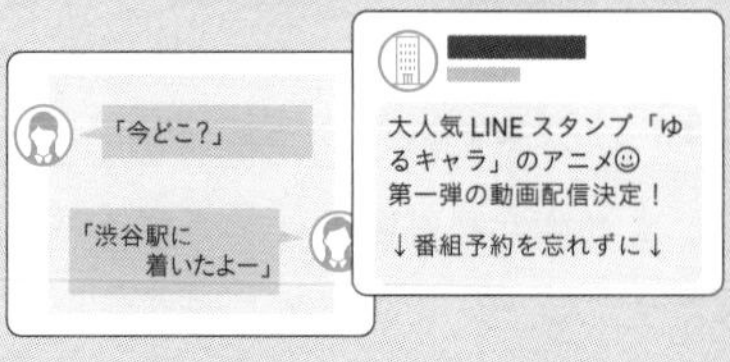 「今どこ?」 「渋谷駅に着いたよー」 大人気 LINE スタンプ「ゆるキャラ」のアニメ☺第一弾の動画配信決定！ ↓番組予約を忘れずに↓ ●スタンプが豊富  ひと休み　買い！ ●アクティブユーザーが多い 

国内ユーザー数は、LINE社による公開資料を参照

URL https://campus.line.biz/line-official-account/courses/oa-user/lessons/oada-1-2-2

No.

11

［SNSの特徴 ⑤］

世界的動画
共有サービスYouTube

YouTubeの国内ユーザー数は約7,000万人（2022年12月時点）で、18歳以上の日本人の65%以上にあたります。YouTuberとのコラボレーション・タイアップ企画のほか、公式チャンネルを開設している企業も増えています（図14）。

◉ 動画以外にテキストコンテンツも登場

チャンネル登録者数が1,000人以上になると、動画投稿だけでなく、コメントなどのやりとりもできるコミュニティ機能が利用できます。また、ライブ配信や短尺動画のショートも利用可能となったため、動画の事前告知や動画制作後の感想や舞台裏など本編の動画を補完するようなチャンネルも増えました。

Googleの公式発表によると、2019年頃はゲームや音楽などの「身近な娯楽」のほか英会話やフィットネス、料理、雑学などの「気軽な習い事」が人気でした。2022年になると、健康、基礎化粧品、ライフハック、バラエティ、経済などのジャンルの視聴が増加傾向にあるようです。近年では、移動中はYouTubeショート上で新たなクリエイターを発見し、その後自宅でPCやテレビで長尺動画やライブ配信、ミュージックビデオにもハマるといった、デバイスとフォーマットを横断した楽しみ方が増えてきているのが特徴です。

さらに、動画以外にも写真や文章の投稿ができる「コミュニティ」機能では、Twitterのようなやりとりができます。動画更新以外にも、リアルタイムにコミュニケーションが可能になっています。

図14 YouTubeの特徴

	▶ YouTube
国内ユーザー数	約**7,000**万人
コンテンツの種類や機能	●動画 ●ライブ配信 ●投稿 ●ショート動画 ●コミュニティ機能
特徴	●YouTuberなどのクリエイターによるチャンネル多数  ●エンターテインメントから専門性の高いチャンネルまで様々 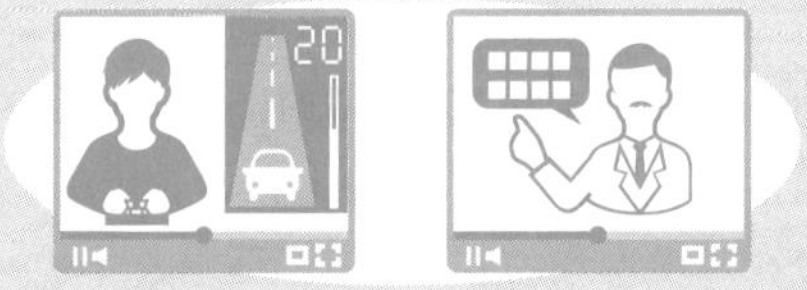 ●幅広い年代で利用されている 

No.
12

〔SNSの特徴 ⑥〕
フォロワーに関係なく話題化の可能性があるTikTok

　TikTokの国内ユーザー数は1,690万人（2021年8月：AppAnnie調べ）で、注目のショート動画アプリです（図15）。機械学習により自動的に作成した動画を編集し、BGMもつけてくれます。公式の発表によると、TikTokユーザーの3人に1人が25〜44歳、また25〜44歳の女性ユーザーの4人に1人が主婦・ママユーザーとされています。

◎ TikTokでモノが売れる!?

　「#購入品紹介」というハッシュタグを用い、購入した商品を投稿する文化があります。お菓子や飲料などの身近な低価格商品から、高級車などの高額商品まで紹介されています。インフルエンサーによって、30年前の小説が紹介され、通販サイトの上位に表示される現象もありました。

　それらの投稿を参考にして購買するユーザーも多く、公式の発表によると、「料理・飲食系の動画を参考にしたことがある」と回答したTikTokユーザーは49.7%、「店頭に商品を見に行った」「商品を購入したことがある」などの行動をしたユーザーは4割を超えました。

　企業の事例も増加しており、「#ドミノチーズ100万」というハッシュタグを用いた投稿キャンペーンを実施し、ドミノ・ピザの東京本社で1日「最高チーズ責任者」として100万円が報酬として与えられるという企画が人気となっています。

　また、リミックスやデュエットという機能で動画をコラボレーションできるのも特徴です。

図15 TikTokの特徴

国内ユーザー数	約**1,690**万人
コンテンツの種類や機能	●最大60秒の縦型動画 ●LIVE機能　　●リミックス ●メッセージ機能　　●デュエット ●検索機能
特　徴	●音源や動画編集テンプレートが豊富  ●フォロワー数に関係なく、人気のコンテンツが興味・関心で、おすすめされる  ●リミックス機能などで他ユーザーの動画と自分の動画を組み合わせられる 

No.

13

〔SNSの特徴 ⑦〕

移動中に「ながら聴き」できる音声プラットフォーム

　「Voicy」は、日本発の音声プラットフォームです。著名なビジネスパーソン、芸能人やモデル、俳優・ニュースメディアなど多ジャンルのニュースや情報を音声で楽しめるサービスです。公式の発表によると、国内ユーザー数は165万人（2022年12月発表）とされています（図16）。

　「Twitter」でも、スペース機能という音声でユーザー同士が会話できる機能が追加されています。

　Voicyと異なる点は、**リアルタイムでの会話が聞ける点**です。また、誰でも自由に飛び入りで参加でき、自らがホストになることもできます。Twitterのアカウントがあれば誰でも無料で始められ、アカウントの審査などはありませんので比較的始めやすい機能です。

● ながら聴きができる

　音声SNSでは、文章を読む手間を省け、移動中・料理中などに**「ながら聴き」ができる**点が特徴です。企業の活用においては、「ながら日経」「グロービス」など、ニュースや教育関連のアカウントが充実しています。

　なお、企業向けにはVoicyBizという月額8万円からの有料サービスが存在します。放送再生数や完聴率、フォロワー推移なども確認できます。また、プレミアム放送（有料放送）にすれば、マネタイズも可能です。特に完聴率は音声メディアならではのデータです。フォロワー獲得数と時間帯などのデータを組み合わせることで、人気コンテンツの傾向が探れ、放送のPDCAに役立つでしょう。

図16 Voicyの特徴

	<img> voicy
国内ユーザー数	約165万人
コンテンツの種類や機能	●音声コンテンツ ●有料放送が可能 ●ライブ配信が可能
特　徴	●通勤中や家事の時間などにも聴いてもらいやすい  ●動画での発信に比べて、制作の手間やコストは低め  ●VoicyBizではアナリティクス機能 

No.

14

［ペルソナ ①］

情報を届けたいのは、どこの誰？

マーケティングを進める上でペルソナの設定も重要だといわれていますが、SNSの活用においても例外ではありません。ペルソナとは、「自社の商品・サービスにとって最も重要で象徴的なお客さま像」のことです。**年齢や性別、職業や居住地に加え、趣味嗜好や行動パターン、SNSをどのように利用しているかなどの項目を、実在する人物のように事細かに設定します**（図17）。

● ペルソナを決めるのはなぜ？

例えば、あなたがよく知る友人と会話をする時には、その人の境遇、関心事、性格などを考慮して会話の内容を考えるでしょう。一方、よく知らない人と会話をするときには、相手の境遇、興味や関心などから話題の手がかりを見つけようとする方も多いでしょう。

これをSNSのコンテンツづくりにあてはめてみます。仮に「30代・会社員」をターゲットと設定していたとします。この場合、「20〜30代の利用者層が多いからTwitterを活用しよう」というSNSの選択はできても、具体的な投稿内容や、チーム間の共通認識がそろわず議論になりにくいのです。そこで、ペルソナの出番です。

ペルソナは、投稿したいコンテンツが本当に相手の興味をひくものなのかどうかの判断基準になります。複数のスタッフがSNSアカウントの運用に関わる場合にも判断基準を持つことができます。設定すべき項目は、商品やサービスによって異なりますが、購入の意思決定に関わりそうな項目はすべて決めておきましょう。

図17 ペルソナを設定する

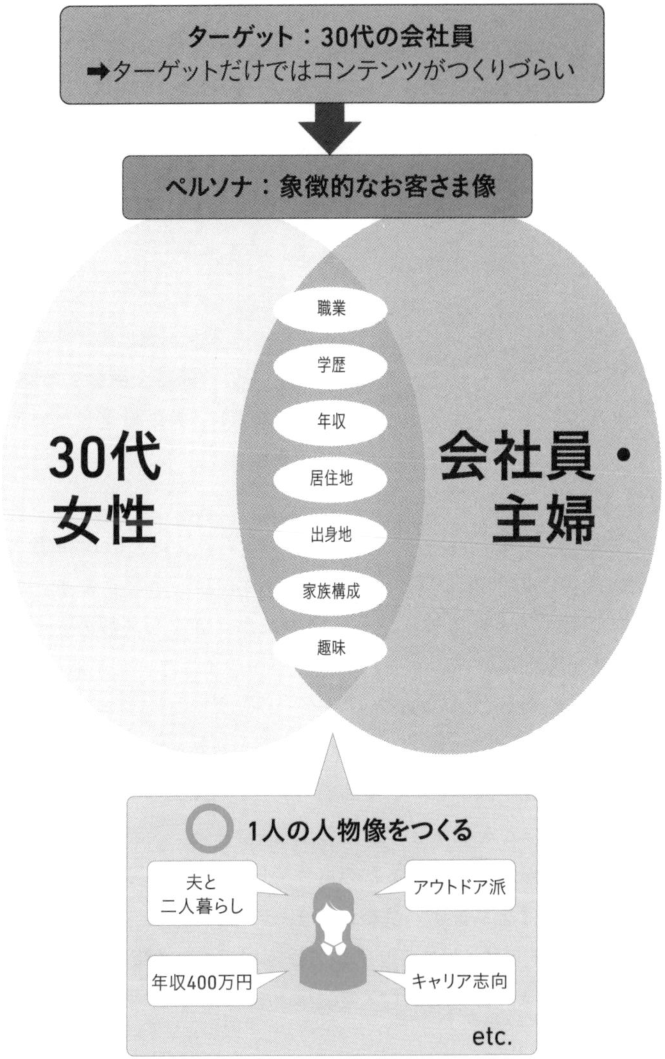

ターゲット：30代の会社員
➡ターゲットだけではコンテンツがつくりづらい

ペルソナ：象徴的なお客さま像

30代
女性

職業
学歴
年収
居住地
出身地
家族構成
趣味

会社員・
主婦

◯ 1人の人物像をつくる

夫と
二人暮らし

アウトドア派

年収400万円

キャリア志向

etc.

◉ リアルな人物像を描こう

　ペルソナは、必ずしも実在する人物である必要はありませんが、**できるだけリアルな人物像を描く**ことで、感情移入がしやすくなり、コンテンツを考える際にブレが起こりにくく、チームでSNSを活用する際の共通言語が生まれるので、コミュニケーションの精度も高まります。

　ペルソナは、特に次の3つの情報を分析しながら、できるだけリアリティのある人物像を描くようにしましょう。

○ 実際に自社の商品・サービスを利用している顧客

　実際に自社の商品・サービスを利用している顧客を調査する時は、インタビューやアンケートなどを行い、ペルソナに設定したい項目を中心に生活パターンや行動理由などを質問します。

○ 自社サイトを訪問しているユーザー

　自社サイトを訪問しているユーザーについては、Googleアナリティクスなどのアクセス解析ツールで知ることができます。ユーザーの年代や興味を持っている分野のほか、アクセス数の多い曜日や時間帯からユーザーの生活パターンを予想することも可能です。

○ 一般公開されている調査データ

　一般公開されている調査データはインターネット上に豊富に存在するため、自社が提供している商品・サービスやカテゴリー、業界に関連するものなどを検索してみましょう。

　特に調査結果が属性別にまとめられているものは、実態に近いお客さま像の参考になります。情報が集まったら、ユーザーの傾向をまとめます。浮かび上がったユーザー像の輪郭に細かな情報をつけ加え、最終的に図18のように具体的な人物に落とし込めれば、ペルソナ設定は完了です。

図18 ペルソナの設定例

プロフィール：**有村 美咲**

- ・年齢 ：31歳
- ・居住地 ：神奈川県
- ・性別 ：女性
- ・家族構成：夫と二人暮らし
- ・職業 ：大手IT関連会社 営業職

人物のエピソード・ライフスタイル・価値観

週末は、夫と買い物に出掛けることが多い。平日の夜は、夫婦それぞれ IT や営業に関するセミナーに参加しており、スキルアップやキャリア志向が強い。ファッションはシンプルで機能的なものを選ぶが、トレンドは押さえたいと考えている。学生時代の友人や会社の同僚と一緒に毎月1回ほど食事をする。友人の誘いで始めたヨガにハマリ、健康に気を遣い始める。自分のアクティビティを SNS に投稿するのが日課。

よく見るメディア
（アプリやデバイスも含む）

プライベートでは、Instagram、クックパッド、LINE、ファッション系アプリ。
Facebook に投稿することはまれだが、接触頻度は高め（同僚とつながっているので、チェックすることが多い）。仕事では、日経電子版。

よく行く場所

平日は渋谷、六本木、銀座などセミナー会場の周辺のカフェ。
週末は自宅に近い自由が丘と二子玉川。

ある休日の行動シナリオ

時間	主な行動
6：30	起床
8：00	友人と朝ヨガに参加
9：00	夫とクックパッドで見つけたレシピで朝食を一緒につくる
12：00	録画していたドラマをチェックしながら昼食
15：00	夕食の準備と買い物
19：00	友人を招いて食事
22：00	SNS にその日の出来事をまとめて投稿
24：00	就寝

ペルソナを決めておくと、投稿内容や広告を改善しやすい

No.

15

［ペルソナ ②］

ペルソナとターゲットを
使い分けよう

● ペルソナを考える際に忘れがちなこと

ペルソナは、コンテンツを考える際の発想を広げるツールとして役に立ちます。一方で、コミュニケーションをとりたい人が**どれだけ存在しているのか**、というように「数」に着目しているのが「ターゲット」です。一般的には性別・年齢・居住地など、属性で絞った集団を指します。例えば、都内在住の大学生をターゲットとした場合、総務省統計局や企業の公表データを見れば、約68万人存在していることがわかります。

これをSNSにあてはめて考えてみましょう。ターゲティングの機能を用い、キーワードを入力することで、おおよその母数がわかります。キーワードを考える際には、前節で設定したペルソナが「**どのような価値観・興味を持っているのか?**」、または「**ストレス・悩み・課題**」を考えると決めやすくなります。

図19は、「小学校低学年ぐらいまでの子どもを持つ関東圏に住む両親」のうち、キャンプやドライブなどアウトドア関連のキーワードを設定したものです。その結果、最大の母分は917万人弱存在することがわかりました。推定値ではありますが、最大値が把握できると、KPIの設定にも参考になるのでおすすめです。

まとめると、ターゲットはコミュニケーションをとりたい人たちの母数を把握したり、どのSNSに力を入れるのかを選択したりするためのツールであり、ペルソナはターゲットの中から1人の人物像を設定し、コンテンツづくりの拠り所となる概念です。

図19 Twitter広告を利用して分母を把握する場合

 Twitter

- 性別：男女
- 年齢：25〜49歳
- 地域：関東
- キーワード

  観光、旅行、自然、キャンプ、アウトドア、カヤック、
  シーカヤック、シュノーケリング、スキューバダイビング、
  ドライブ、星空、登山 etc.

- ツイートエンゲージャー を利用

キーワード：特定のワードを検索しているユーザー、指定したワードを含むツイート
　　　　　　をした、またはそのツイートに反応したユーザー

ツイートエンゲージャー：特定のツイートにエンゲージメントもしくは表示したユーザー

オーディエンスの概要

Twitterの管理画面にキーワードを入力すると、下のように「オーディエン
スの概要」＝「推定されるユーザーの総数」を把握できる

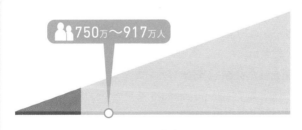

No.

16

［運用ポリシー・運用マニュアル］
いざという時に役立つ
共有資料のつくり方

SNSアカウントの運用を始める前に、**安定的に運用を続けていくための運用ポリシーと運用マニュアルを作成しておく必要があります。**

● 運用ポリシーを作成する

運用ポリシーは、一般ユーザーに向けてSNS上で発信していく目的やコンテンツについての行動指針を指します。

運用ポリシーを決めておくと、公式アカウントを運用するスタッフ間で、SNS活用における共通の「目的意識」を持つことができます（図20）。逆に、共通の目的意識のないチームであれば、どのようなことが起こると思いますか？ 基準がないため、コンテンツづくりやキャンペーンの計画だけで終わってしまったり、業務上のミスコミュニケーションを生んでしまったりなど様々な問題が生じてしまうことが想像できると思います。

注意したいのは、運用ポリシーは企業の行動指針であり、従業員に課すルールやノルマのように強制するものではない点です。ファンやユーザーとの円滑なコミュニケーションを図るための「姿勢」だと考えてください。

具体例を紹介すると、日本コカ・コーラでは、「アルコールに関するSNSコミュニティガイドライン」を定めており「アルコールの過剰摂取を助長するような投稿は禁止されています」としています（図21）。SNS担当者をはじめとした全社員や会社関係者のSNSに対する共通認識の強化や、自社アカウントに対するユーザーの信頼度の向上を図っていることが伝わってきます。

図20 運用ポリシーを作成する目的

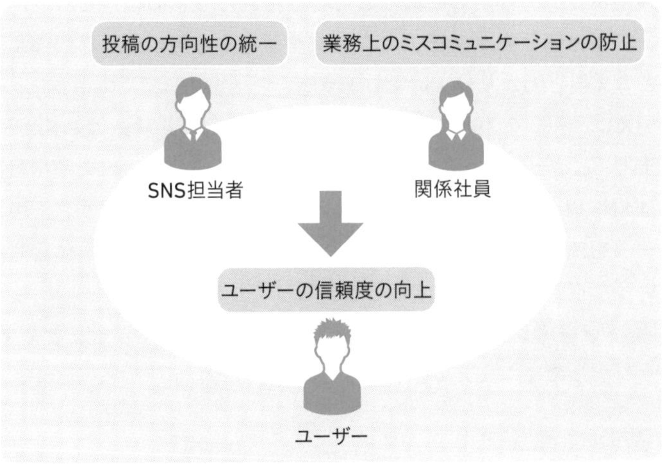

投稿の方向性の統一   業務上のミスコミュニケーションの防止

SNS担当者   関係社員

↓

ユーザーの信頼度の向上

ユーザー

図21 日本コカ・コーラの運用ポリシー例

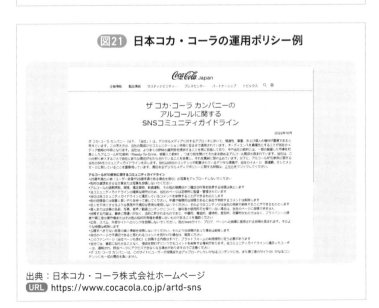

出典：日本コカ・コーラ株式会社ホームページ
URL https://www.cocacola.co.jp/artd-sns

◉ 運用マニュアルを作成する

　運用ポリシーが対外的に示した行動指針だったのに対し、運用マニュアルは関係者がSNSアカウントを運用する際に必要な内部ルールと考えるとわかりやすいでしょう。

　例えば、平日の10〜17時まで運用する、1日の投稿数は1本から2本まで、といったように作業を明確にしておきます。SNSの運用担当者はSNS以外の業務を兼務していることもあります。そうした中でルールを決めずに運用していると、無理なスケジュールや休日対応といった不安定な運用をすることになってしまいます。

　図22を参考に、SNSアカウントの運用に必要な内容をまとめて、オリジナルのマニュアルをつくってみましょう。

◉ 運用マニュアルをより活用するために

　せっかく人気アカウントになっても、担当者の異動や退職で公式アカウントの運用がストップしてしまうこともあります。それまで築き上げてきたアカウントを閉鎖すると、ファンやフォロワーにネガティブな印象を与えかねません。**関係部署と協議しながら運用マニュアルを決めていきましょう。**

　なお、マニュアルには作業だけでなく、図23のように、ミーティングはどのくらいの頻度で行い、何を話し合うのか、原稿はいつ作成するのかなどの**業務の流れをフロー図に落とし込むとスケジュールを進行しやすくなります。**

　また、炎上などのトラブルを想定した対応方針も運用マニュアルとして定めておくと、いざという時に役立ちます（CHAPTER 6参照）。「第三者の権利を侵害するようなコメントがあった場合は削除、あるいは法的措置をとる」などと、明記している企業もあります。**様々な事態を想定した上で、運用マニュアルを作成しましょう。**

図22 運用マニュアル例（Facebookの場合）

投稿頻度	原則として、タイムライン投稿は平日のみ、1日2回の投稿とする
投稿実施時間	10:00〜17:00（月〜金曜日）※投稿内容によっては左記時間以外も検討
タイムライン投稿原稿作成フロー	●タイムラインに投稿する原稿は、社内で共有した内容をもとに○○さんが原稿の作成・投稿を行う ●投稿内容の最終確認は○○さんが行い、承認を得た原稿のみ投稿を行う ●タイムライン投稿後、投稿内容に万が一問題があった時には○○さんへ相談ののち、文章の訂正もしくは削除、訂正原稿の投稿を行う ※投稿した写真を変更することはできない（投稿自体の削除は可能）
写真投稿方法	●画像の形式は、JPG、PNG、GIF、TIFF、BMP形式 ●公序良俗に反するもの、該当Facebookページに関係ない第三者が特定できるものは使用しない
リンクつき投稿	リンクつきの投稿を行う場合は、事前にリンク先、投稿の際に表示されるサムネイルについて確認する ※リンク先のページによっては、Facebookの仕様上、サムネイルを表示できない場合もある
動画投稿方法	●動画の形式はMP4、MOV形式を推奨 ●公序良俗に反するもの、該当Facebookページに関係ない第三者が特定できるものは使用しない

CHAPTER

1

図23 定例ミーティングのフロー図例

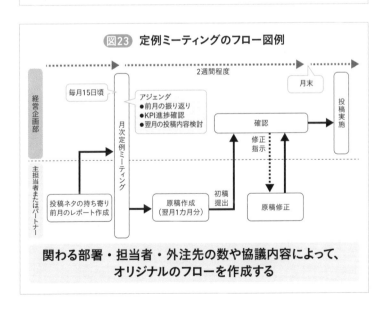

関わる部署・担当者・外注先の数や協議内容によって、
オリジナルのフローを作成する

COLUMN　**Instagram のショッピング機能**

　2015年ネットでの販売からスタートし、シリーズ累計1億5,000万本を売り上げたヘアケアブランド「BOTANIST」は、商品戦略そのものの強さだけでなくSNSの活用の仕方も注目されています。

　特にInstagramでは通常の投稿や広告の他に、スタイリストやモデルに商品を手渡し、彼らが紹介してくれたことで認知の拡大につながったといわれています。

　現在は、Instagramのショッピング機能である「ShopNow」を活用し、Instagram上で販売をスタートしています（図24）。**Instagram経由の購入は他のECサイトよりもLTVや継続率が高い**と考えているそうです。

図24　BOTANIST の ShopNow の投稿例

出典：BOTANIST（@botanist_official）のInstagramアカウント
https://www.instagram.com/p/B-wgw_qgf4x/

潜在顧客から自社独自のKPIを
連想する方法

　本章の05で紹介した自社の売上構造から考える方法の他に
も、**潜在顧客＝想定している市場の母数から考える**方法もありま
す（母数全体から把握する方法は、本章の15でも触れています）。

　例えば、食品メーカーのSNS担当者と仮定し、自分自身が担
当する商品のマーケットシェアを確認します。03でも紹介した
串カツ田中の23年11月期の売上は144億。日本フードサービ
ス協会が定義する「料飲主体部門の居酒屋・ビヤホール市場」は
4,500億の市場とあるので、約3%とわかります。

　さらにFacebook広告の編集画面である広告マネージャを活
用し、広告配信ターゲットの興味・関心項目に「お酒（フード・
ドリンク）」と入れると約1,700万人という母数が割り出せます。

　FacebookやInstagramで潜在的にアプローチすべき1,700
万人のうちの3〜10%だとすると、単純計算で51〜170万人と
いう数字（＝目標ファン数、あるいはリーチなど）になります。
もちろんこの数字に対し、短期間のうちにリーチすることは容
易ではありません。3カ年、5カ年など中長期の計画に利用して
みましょう。

　また、アメリカの数学者であるクープマンによれば、市場シェ
アが10.9%に達すると、認知や存在が認められるともいわれて
います。まずは10.9%を超える目標を立てるのもよいでしょう。

　クープマンは、他にも次のように市場シェアを定義しています。

（一例）
• **独占的市場シェア：73.9%**　　• **並列的上位シェア：19.3%**
• **相対的安定シェア：41.7%**　　• **市場的認知シェア：10.9%**
• **市場影響シェア：26.1%**

COLUMN　フレームワークにも様々な種類がある

購買行動モデルなどのフレームワークは、時代とともに様々なモデルが提唱され、常に発展や進化をします。完成度の高いものや答えを求めるだけでなく、そのエッセンスを理解して自社に昇華させていく姿勢が求められるといってよいでしょう。

● UGCの醸成が鍵となるULSSAS（ウルサス）

ファンの自然発生的な自社の投稿や広告を起点としたUGCを生み出し、認知を最大化していく「ULSSAS（ウルサス）」（株式会社ホットリンクが提唱）では、「UGC」→「Like（いいね！）」→「Search1（ソーシャルメディア検索）」→「Search2（Google/Yahoo検索）」→「Action（購買）」→「Spread（拡散）」→再び「Like（いいね！）」へ、というように自律的な循環経路をつくることの重要性を示しています（図25）。

SNS上ですでに口コミやコメントなどのUGCが多い企業では、特に相性がよい傾向にあります。UGCが少ない場合には、ユーザーが自発的に投稿するような、企画やコンテンツをつくる必要があります。

● ULSSAS（ウルサス）のKPIは？

「Action数」、「指名検索数」、「UGC数」などがSNS運用の主なKPIとして挙げられています。Action数とは、オンライン・オフラインの購入回数、資料請求回数、アプリインストール回数などの成果を指します。

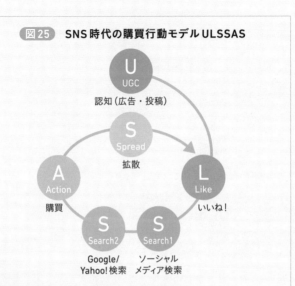

図25 SNS時代の購買行動モデル ULSSAS

U UGC
認知(広告・投稿)

S Spread
拡散

A Action
購買

L Like
いいね!

S Search2
Google/
Yahoo!検索

S Search1
ソーシャル
メディア検索

出典:株式会社ホットリンク「ULSSAS（ウルサス）とは」
URL https://www.hottolink.co.jp/service/method/ulssas/

● 「強制的な認知」から「好感の持てる認知」へ

　企業ではなく、ユーザーが主導権を持つ時代には、企業側の
メッセージが届きにくい傾向があります。特に商品やブランド
の個性が強く出やすく、新規購入ハードルが高い高級家電・基
礎化粧品などの業界、また商圏など物理的制限のある店舗ビジ
ネスでは、SNSの活用を通じて既存顧客による口コミやコンテ
ンツの工夫により、従来の転換率を高めたり、認知を最大化した
りすることで、ファネルを拡張させていきます。このことは、SNS
を活用する上で参考になる考え方です（図26）。

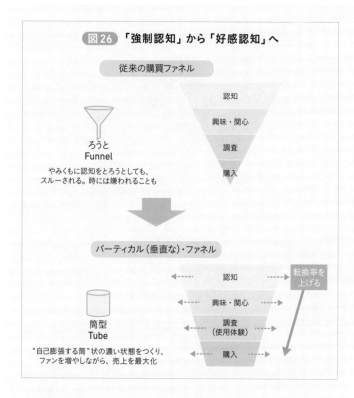

図26　「強制認知」から「好感認知」へ

●「衝動買い」ではなく「パルス消費」とは？

　Googleは、空き時間にスマホで得た情報に対し、瞬間的に買いたい気持ちになり、商品を発見し、買い物を終わらせるという消費行動のことを「パルス消費」と名付けました。日常的に消費する商品に対して行われている点が従来型の「衝動買い」とは一線を画した消費行動だといえます。

CHAPTER

2

つながりを生む
コンテンツのつくり方

No.

01

［エンゲージメント率を上げる投稿］

言いたいことを書くな!?
SNSはデートの会話と同じ

　突然ですが、好きな相手とデートをする時、どんな会話をしていますか？ 自分の魅力をアピールするだけでは、相手はうんざりしてしまうでしょう。その場を盛り上げたり、相手を喜ばせたりする会話をする人が好かれるのではないでしょうか。

　SNS上のコミュニケーションにも同じことがあてはまります。ユーザーに喜んでもらえるような工夫や気配りといった心構えがファンづくりには大切なのです。

● ユーザーが喜ぶ投稿とは？

　図1は、文房具メーカーのInstagramのアカウントをエンゲージメント率でランキングしたものです。同調査期間で、ユーザーの共感度を示すエンゲージメント率の高かった投稿例（図2）を見てください。

　一般的に、新商品や限定品など、多くの人が注目するコンテンツでエンゲージメント率が高くなる傾向があります。

　しかし、図2の「シャーペンのトリセツ」の投稿も同業他社の平均値と比較して高いエンゲージメント率を誇っています。「正しい使い方を知れてうれしい」「なるほど」などの前向きなコメントが集まっています。

　企業の商品紹介は大切ですが、SNSの特性を理解しなくてはいけません。ファンにとって親しみを持ってもらえるような投稿も盛り込みながら情報発信していきましょう。

図1　文房具メーカーのInstagramのエンゲージメントランキング

No.	アカウント名	フォロワー数	「いいね！」数 (1投稿あたり)	コメント数 (1投稿あたり)	エンゲージメント数 (1投稿あたり)	エンゲージメント率 (%)
1	ぺんてる	102,452	2,440.3	11.7	2,452.0	2.41%
2	uni 三菱鉛筆	107,699	2,412.7	4.6	2,417.3	2.26%
3	PILOT（パイロット コーポレーション）	114,520	2,297.2	8	2,305.2	2.02%
4	トンボ鉛筆	133,984	1,861.0	7.8	1,868.8	1.39%
5	HITOTOKI	137,784	1,445.4	0.8	1,446.2	1.05%

計算式
エンゲージメント率＝(「いいね！」数＋コメント数)÷フォロワー数
※表の「いいね！」数、コメント数、エンゲージメント数は、1投稿あたりの平均値

※調査期間 2023年5月1日〜2023年6月5日

図2　トンボ鉛筆の投稿例

**普段から目にするものを投稿すると、
多くの人から反応をもらいやすい**

出典：ぺんてる（@pentel_official）のInstagramアカウント
URL https://www.instagram.com/p/Cmnzt-0PnKX/

No.
02 ［コンテンツ内容 ①］
ファン視点を考えるため 複数のペルソナでつくる

　SNSに投稿するコンテンツをCHAPTER 1で設定したペルソナに沿って考えていきましょう。コンテンツの内容は、ペルソナの趣味嗜好や自社のサイトを見にくる目的によって変える必要があります。

◉ ペルソナは１人である必要はない

　ペルソナは１人に絞る必要はありません。

　例えば、皆さんがパーソナルトレーニングジムのSNS運用担当者だったとします。単に「お客さま」といっても、性別も違えば、ジムに通う目的や理想とする体形も人それぞれのはずです。

　このように複数の顧客層が存在する場合、それぞれ心に響くメッセージは異なるため、企業の商品・サービスによっては、ペルソナを複数設定しておくと効果的です。なぜなら、ペルソナの興味・関心に寄り添ったSNSの発信ができ、エンゲージメントの維持やファンの創出、ファン全体のエンゲージメントを高める効果があるからです。

　図3は、5人のペルソナを作成し、それぞれが目標とする体形に応じた体づくりに関するコンテンツをまとめたものです。すべてのペルソナにふさわしいコンテンツだけではなく、ペルソナAのみ、Cのみといった個別のコンテンツも企画できます。

　このように、ペルソナを複数設定しておくと、ある程度の属性ごとにコンテンツを作成することができます。SNSを活用する前に、自社の商品・サービスに合ったペルソナを洗い出しておいてください。そして、ペルソナを考えた後は、どんな内容だったら相手に響くのかを考えて、テーマの選定やキーワード選びをしましょう。

図3　複数のペルソナを設定する

ターゲット属性

| A 中年男性 | B 細マッチョを目指す男性 | C トレーニング好きな男性 | D やせたいOL | E 主婦 |

毎日のトレーニング配信

基本情報は全員に配信

食に関心の高いDとEだけに配信

レシピ配信

今の体形を変えたいAとBとDに配信

意識の高いCだけに配信

注意報配信

体づくり配信<男性>

注意報配信

昔の体形に戻りたいEだけに配信

体づくり配信<女性>

豆知識

誰もが気になる息抜き情報は全員に配信

ターゲット属性にあわせて情報を表示することで、**反応率の維持やファンの離脱率を低下**させることができる

CHAPTER 2

No.

03

［コンテンツ内容 ②］

時にはチャレンジ
することも大切

　コンテンツは、ペルソナに沿って考えることが基本にはなりますが、既存のお客さま像のみを対象とした場合には、新しい発想が生まれにくい側面もあります。そこで、**時にはチャレンジングな投稿も行ってみること**をおすすめします。

◉ 思い切った投稿が新規ファンにリーチする

　松屋フーズのInstagramでは、診断コンテンツやアンケート機能などを用いて、ファンが楽しめる投稿をしています。図4の例では、かつての人気商品の復活を希望するファンからのコメントも得られています。この他にも1つ1つの投稿のクオリティが高く、ストーリーズなども用いたプレゼントキャンペーンも充実しています。このように「松屋らしくない」コンテンツを展開し、多数の「いいね！」やコメントが集まり大きな反響を得ています。特にコモディティ化（商品の差別化がしにくい状態）しやすい商品においては、意外性のある運営方針を持つことで話題性をつくれる好例です。

　これは、従来の松屋フーズのファンの人たちをいい意味で裏切る発想ですし、これまでファンではなかった人たちに松屋フーズを好きになってもらうためのよいきっかけにもなるでしょう。

　そのためにも、各SNSでまだ使ったことがない機能があれば、試してみましょう。例えば、Instagramのアンケート機能（ストーリーズ）やTwitterのDMなど、SNSには様々な機能（図5）が実装されています。月に3回は新しいことにチャレンジするなどと決めて、積極的に活用してみましょう。

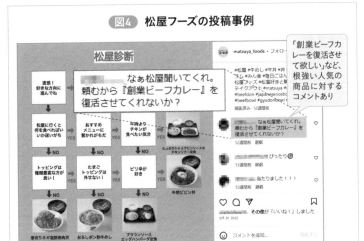

図4 松屋フーズの投稿事例

出典：松屋フーズ（@matsuya_foods）のInstagramアカウント
URL https://www.instagram.com/p/CeLNTB-rhN8/

図5 Instagramの主な機能

機　能	特　徴
写真・動画	複数枚対応
ライブ動画	リアルタイムで配信できる
チェックイン	自分がいる場所やお店を知らせる
DM	一対一のやりとりができる
アンケート	気軽にユーザーの意見を聞ける
ストーリーズ	24時間限定の投稿ができる
ハイライト	ストーリーズの投稿をプロフィールに掲載できる

Point
● テキスト以外にも、最近ではライブ動画やアンケートなどが投稿
できるようになった
● 新しい機能が追加されていないか、定期的にチェックする

No.
04

［アルゴリズム］
その投稿、本当にファンの目に届いていますか?

　SNSのニュースフィードは、頻繁に交流している友達や企業の投稿、興味のある記事が優先的に表示される仕組みがあるため、すべての投稿がファンに届いているとは限りません。このように情報をある基準によって最適化する仕組みを「アルゴリズム」といいます。アルゴリズムに関する詳しい算出方法はSNS各社からは公開されていませんが、リーチやインプレッションなどのKPIに大きく影響する重要な要素です。ここではFacebook、Twitter、Instagram、LINE、YouTube、TikTokのアルゴリズムについて知っておきましょう。

◎ Facebookの表示アルゴリズム

　2023年6月時点の最新の情報をもとにまとめたアルゴリズムが図6です。皆さんのページが日頃からどれだけ多くの人から「いいね!」やコメントをもらえたのか、どれだけ多くの時間を費やしてくれたのかなどの要素があることがわかります。

　また、ユーザーは、企業や友達の投稿を非表示にしたり、スパム報告したりすることも可能です。このようなネガティブな反応をされると、表示される優先度が下がってしまいます。

　また、2018年1月には、企業の投稿より、家族や友人の投稿がFacebookページで表示されやすくなることが発表されました。ただし、これもアルゴリズムの1つの要素であり、エンゲージメント(「いいね!」やコメントなど)が高いページであれば、リーチを維持できることもわかっています。アルゴリズムを理解することで、よりよい運用を目指していきましょう。

図6 Facebookのアルゴリズムの代表的な10の要素

親密さ	「いいね！」やコメントをした、プロフィールを閲覧した、タグづけした、タグづけされたなど、日頃から多くの反応があると表示されやすい
投稿の重み	ある投稿が、どれだけ多くの人から「いいね！」やコメントを獲得したかなどを表す。また、「いいね！」よりもコメントのほうが表示されやすい
投稿のタイプ	画像や動画、URL、LIVEなど全投稿タイプのうち、どれが多くの「いいね！」やクリックをされているか。企業によって異なるが、動画やLIVEは高いエンゲージメントを得やすい
経過時間	新しい投稿ほど優先的に表示される。ただし、「いいね！」やコメントに応じて、古い投稿も再度表示される→Story Bumping
コンテンツの閲覧時間	ある投稿が閲覧された時間（長く閲覧されたほうが表示されやすくなる）
ネガティブフィードバック	ページの特定の投稿を隠す、投稿をスパムとして報告するといった表示されなくなる行為をすると優先度が下がる
Story Bumping	時間が経っていても、「いいね！」やコメントがつくと優先度が上がる
Last Actor	直近で友達になったアカウント、「いいね！」やコメントした友達やページの投稿が優先的に上位に表示される。直近50件のアクティビティが対象
Friend & Family Come First	家族や友人の投稿は、企業よりも優先的に表示されやすい
Authentic Communication	主にニュース記事などを配信するメディアのFacebookページで、悪質な"釣り"タイトル投稿は表示されにくい（タイトルと記事内容に乖離がある、誤解を生むなど）

出典：Facebookのニュースフィードの最新情報ページをもとに作成
URL https://developers.facebook.com/videos/f8-2017/whats-new-with-news-feed/
https://about.fb.com/news/category/news-feed-fyi/

CHAPTER

2

◉ Twitter の表示アルゴリズム

　Twitter 社は2023年に**アルゴリズムを一部公開**しています。タイムラインの「おすすめ」に表示されるには、大きく次の3つの段階を経て決定されます。

- **第1段階：フォローしている人としていない人のツイートが、約50%ずつ抽出される（平均値）**
- **第2段階：エンゲージメントなどの要素によりスコアリングされ、優先順位がつけられる**
- **第3段階：ミュートやブロックなどネガティブフィードバックが多い投稿の除外、同一もしくは類似したユーザーやツイートに偏らないように調整が行われる**

　この他にも、図7の下段のような要素も一部公開されました。複雑ではありますが、企業や団体のアカウントにとって、**「いいね」やリプライなどのエンゲージメントの獲得、ユーザーとの交流**が、引き続き重要になります。

◉ Instagram のアルゴリズム

　Instagram では、場所によってそれぞれ重要なシグナルが異なります（図8）。

　フィードやストーリーズは、ユーザーからどれだけの「いいね！」やコメント、プロフィール閲覧をされたかなどの、**投稿の人気度**が影響を受けます。

　発見タブは閲覧者の興味に影響を受けやすく、リールタブは特に閲覧者の行動をもとに表示されやすくなります。

　検索結果には、ワードでの検索とハッシュタグによる検索ワードとの関連性をもとに表示されます。検索ワード、画像・キャプションの関連度、検索結果とどれだけ類似しているかに影響を受けます。

図7 Twitterのアルゴリズム

第1段階：Twitterの全データから1,500件のツイートを抽出

フォローしている人としていない人のツイートが、約50%ずつの割合で抽出される
※ 平均値であり、ユーザーごとに割合は異なる場合がある

第2段階：抽出された1,500件のツイートからランクづけ

エンゲージメントなどの要素によりスコアリングされ、優先順位がつけられる

第3段階：最終的なフィルタリングなどにより調整後、表示する

ミュートやブロックなどネガティブフィードバックが多い投稿を除外、同一もしくは類似したユーザーやツイートに偏らないように調整が行われる

その他、ツイートの表示に関するアルゴリズム

各ユーザーには「Tweepcred」と呼ばれる影響力スコアが割り当てられており、これが「65」未満の場合、他のユーザーのタイムラインに表示されるツイート数が制限される
※「Tweepcred」の計測に関する言及はなし

「フォロー数2,500人以上」かつ「フォロー数＞フォロワー数」の場合、アカウントのスコアが下げられる
※フォロー数／フォロワー数＝0.6以上の場合に適用

・「Twitter Blue」ユーザーはアルゴリズム上で優遇される
・倍率はフォロワーなら4倍、非フォロワーなら2倍
※「Verified Organization」に関する言及はなし

古いツイートは時間の経過とともに関連性が低くなり、他のユーザーに表示される頻度も低くなる
※ツイートの関連性スコアは、6時間ごとに50%減少する

出典：Twitter社のホームページ
URL https://support.twitter.com/ja/using-twitter/twitter-timeline
https://blog.twitter.com/engineering/en_us/topics/open-source/2023/twitter-recommendation-algorithm

この他にも、見た人を不快な気持ちにさせたり、デリケート（タバコなど）なトピックを扱っていたりする可能性がある投稿を避けるなどのルールが規定されています。

◉ LINE、YouTube、TikTokのアルゴリズム

LINEのヘルプセンターに、公式アカウントのVOOMは「最新順や人気順に設定できる」とあります。人気順に設定している場合、「いいね！」数やコメント数に応じて、表示順序が優先的に表示されると考えられます。また、VOOMの中には「おすすめ」のタブも存在し、友だち追加に関係なく多くの「いいね！」やコメントを得ているアカウントの投稿が表示されます

YouTubeヘルプセンターによると、ホーム画面（最初にアクセスする画面）は嗜好が似ている他の視聴者からのエンゲージメント度や満足度などのほか、再生頻度と検索ワードなどの履歴も指標になります。コンパスのアイコンをタップすると、急上昇（再生数の増加率の高い動画）や、音楽・ゲームなどのテーマが優先的に表示されます。

TikTokでは「レコメンド」というフィードが、タイムラインに近い機能です。検索履歴やタップした動画、頻度などの指標をもとにおすすめの動画が表示されます。フォローしているユーザー以外にも、興味・関心の度合いによって、おすすめされる点が特徴といえます。

◉ できるだけ多くの人にコンテンツを届けるために

SNS各社には、「エンゲージメントを得ているか」「プロフィールを見たか」「滞在時間は長いか」「ネガティブな反応はされていないか」といったように、それぞれ独自のアルゴリズムが存在します。

しかし、どのSNSにも共通しているのは、「利用者にとって興味を持てる内容か、有益な情報であるか」という視点で最適化されていることです。

図8 Instagram のアルゴリズムとシグナル

フィード／ストーリーズ投稿

重要度
① 投稿の情報
② 投稿者の情報
③ 閲覧者の行動
④ 交流履歴

特に投稿の人気度をもとに表示される

・ユーザーの滞在時間
・「いいね！」やコメント数の多さ
・保存数の多さ
・プロフィールの閲覧数
・メンション数、DMの獲得数
・反応の可能性が高いユーザーに優先表示

※時間の経過とともにシグナルが追加・削除される
※同じ投稿は連続して表示されにくい

検索結果（ワード／ハッシュタグ）

重要度
① 投稿の情報
② 交流履歴
③ 閲覧者の行動
④ 投稿者の情報

検索ワードやハッシュタグの関連度をもとに表示される

・検索ワードと画像やキャプションとの関連
・その他の検索結果の画像との類似性

※ハッシュタグ検索のトップ表示には、投稿へのエンゲージメントも判断材料となる

発見タブ／リールタブ

発見タブ重要度
① 投稿の情報
② 交流履歴
③ 閲覧者の行動
④ 投稿者の情報

リールタブ重要度
① 閲覧者の行動
② 交流履歴
③ 投稿の情報
④ 投稿者の情報

発見タブは特に投稿の情報と閲覧者の興味をもとに、フォローしていない人の投稿が表示される

・ユーザーの興味・関心
・「いいね！」、保存、シェアなどのエンゲージメント数
・エンゲージメントの獲得の速さ

※不快と感じ取られる内容は表示されにくいルールが設定されている

リールタブは特に閲覧者の行動をもとに表示される

・「いいね！」やコメント数の多さ
・視聴完了率
・音源への遷移

※解像度が低い・透かしが入っている・政治的な問題を扱っている・政治家、政党、政府関係者またはその代理が作成している場合、タブには表示されない

No.
05

〔成功コンテンツの特徴〕
最高のコンテンツに
共通する5大要素

　それでは、具体的なコンテンツのつくり方を紹介します。大きな反響を得ている投稿には、次の5つの特徴があることがわかります。

① **タイムリーである**

② **親しみやすい**

③ **共感できる**

④ **役に立つ**

⑤ **ユーザー参加型である**

　これらのうちどれか1つの要素をコンテンツに盛り込めれば、ユーザーから良好な反応が期待できるでしょう。では、実際の投稿例を紹介しながら、それぞれについて解説していきます。

● ① タイムリーである

　「タイムリーである」ためには、**投稿を行うタイミング（記念日や時間、季節など）にあわせたテーマを盛り込む**ことです。例えば、お花見、バレンタイン、クリスマス、ハロウィンといった例年大きな話題になるイベントに関連した投稿を行う方法があります。DHCのLINEの投稿では、お花見とクイズをかけあわせた投稿コンテンツが人気です（図9）。またANAでは、バレンタインにあわせ、飛行機から見える世界各地のハート形の島を紹介しています（図10）。

　この他にも、**世の中のニュースや流行**もタイムリーに該当します。例えば、Twitter上の「トレンド」のキーワード、YouTubeの「急上昇」動画、LINEの「ディスカバー」などをチェックし、話題を逃さないようにしましょう。

図9 DHCのLINEの投稿

4月にお花見＋クイズ投稿で多くの反響を得ている

Point

タイムリーさだけでなく、占い・間違い探し・クイズなど楽しんでもらいやすいコンテンツにしている

出典：DHCのLINEの投稿

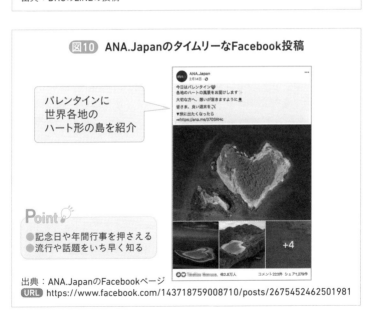

図10 ANA.JapanのタイムリーなFacebook投稿

バレンタインに世界各地のハート形の島を紹介

Point

●記念日や年間行事を押さえる
●流行や話題をいち早く知る

出典：ANA.JapanのFacebookページ
URL https://www.facebook.com/143718759008710/posts/2675452462501981

◎② 親しみやすい

　ユーザーに親しみやすさを感じてもらえるようなコンテンツは、ユーザーとの距離感を縮めるために有効です。

　例えば、自社にキャラクターがあるのであれば、そのキャラクターが話しているようにコンテンツを作成してみましょう。

　特に、商品での差別化が難しい業界で有効です。銀行であれば、金融商品で他社との差別化を図るのは難しいですが、三井住友銀行は自社のキャラクターであるミドすけがコンテンツを発信することで、親しみやすさという面で他社との差別化を図っています（図11）。

　「親しみやすさ」とは、動物やキャラクターに限った話ではありません。ある海外のコーヒーチェーンブランドが日本に上陸した際には、内装準備中の店内の様子や、バリスタトレーニングの様子など「完成までの道のり」を紹介し、大きな反響を得ていました。こうした「不完全さ」や「舞台裏」に対しても、親近感や期待感を抱いてもらえる可能性もあります。

◎③ 共感できる

　コンテンツを見たユーザーに、「うれしい」「懐かしい」「かわいい」「すごい」といった感情を抱いてもらえると、「いいね！」やコメント、シェアなどのアクティブな反応につながります。

　セメダインでは、お菓子づくりで不要になったシリコン製型に、スーパーX（接着剤）を流し込むとかわいい人形やマグネットをつくれる、という投稿をしたら「かわいい！」「そんな使い方があったのか」などのポジティブなコメントが寄せられました。（図12）。

　このようにユーザーやファンの共感を生み出すためには、**読者が感情表現（かわいい、懐かしい、感動する、驚く）しやすい要素を含む**ように心がけることが大切です。

図11 三井住友銀行の親しみやすいツイート

自社のキャラクターの
口調で親しみやすい

Point
- キャラクターはユーザーに親近感を持ってもらいやすい
- 猫や犬などの動物も「いいね！」やコメントをもらいやすい

出典：三井住友銀行公式（ミドすけ）（@smbc_midosuke）のTwitterアカウント
URL https://twitter.com/smbc_midosuke/status/869750298704662528

図12 セメダインのTwitterアカウントの投稿例

Point
感情を抱いてもらえる投稿は、「いいね！」やコメント、シェアなどのアクティブな反応につながる

出典：セメダイン（@cemedinecoltd）のTwitter
アカウント
URL https://twitter.com/cemedinecoltd/
status/1625353050708930566

◎ ④ 役に立つ

　商品やブランドにまつわるちょっとした豆知識も、**有意義な情報として ユーザーに受け入れられやすく、シェアされやすいため**、ファンの離脱防止や新たなファンの獲得に有効です。

　料理レシピサービスを提供している「kurashiru」（クラシル）では、YouTubeで「作り置き料理」「パラパラ炒飯のコツ」などの動画が複数アップされています（図13）。

　Instagramでは1〜2分程度の短いリール動画中心で、大まかなレシピの全体像を確認でき、YouTubeでは5〜15分とじっくり時間をかけて工程や解説を見ることができます。YouTubeショートでは30秒ほどのダイジェスト動画も見ることができます。献立の参考には、Instagramをチェックし、キッチンではYouTubeや公式アプリを参考にするユーザーも多いことでしょう。

◎ ⑤ ユーザー参加型である

　気軽に回答できる問いかけを通して、ユーザーに企画への参加体験を味わってもらえます。

　例えば、「KAGOME」（カゴメ）のInstagramは、夏のお盆休み直前の夕方に2品の中華料理を挙げ、「レタスに○○を付けると長持ち！○○に入るものは？」と問いかけるコンテンツを投稿しました（図14）。スワイプすることで答えがわかり、④で紹介した役に立つ内容にもなっています。最終的には2,500を超えるリアクションを集め、大きな成果を残しました。

　その他、空の吹き出しにセリフを入れてもらうなどの「大喜利」なども、有効な方法の1つです。ただし、Facebookでは外部の記事に誘導する場合、実際の記事の内容と異なるような、**誇張した投稿や煽りの強い表現はアルゴリズムによって表示されにくくなる**ので、記事の内容と投稿文にズレがないかをチェックしましょう。

図13 kurashiru（クラシル）のYouTubeチャンネル

Point
- 時短レシピ
- 高級ホテルの味を再現

など役立つレシピが多い

出典：kurashiru［クラシル］のYouTubeチャンネル
URL https://www.youtube.com/@Kurashiru

図14 KAGOME（カゴメ）のユーザー参加型のInstagram投稿

問いかけは参加して
楽しめる！

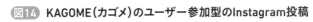

Point
- スワイプすることで答えがわかり、役に立つ内容にもなっている
- リンク先の内容と違う文はアルゴリズムに悪影響を与えかねない

出典：KAGOME（@kagome_jp）のInstagramアカウント
URL https://www.instagram.com/p/B8-VcZhDvbV/

No.
06

［失敗コンテンツの特徴］
知っていれば避けられる！
失敗コンテンツのパターン

コンテンツ作成では、ほんの少しの失敗がユーザーの反響の大小に影響してしまうこともあります。

◉ 答えにくい問いかけ

参加型のコンテンツはユーザーの人気を獲得しやすいのですが、答えやすい質問にしないと失敗に終わってしまいます。

よく見かけるNG問いかけ例とその理由を説明します（図15）。

- **「海外旅行の定番の土産といえば？」といった質問**
  ⇒すぐには連想しにくい
- **「初恋の思い出を教えてください」といった質問**
  ⇒他人にはあまり知られたくない
- **「月の陰暦名称を1月からすべて答えられますか？」といった質問**
  ⇒少ない文字数に収まりきらないような回答を求めているため、ユーザーが回答に躊躇してしまう

このような質問には、**「ユーザーが答えやすいかどうか」**という視点が欠けています。

前節の「⑤ユーザー参加型である」で紹介したKAGOME（カゴメ）のコンテンツ例のように、簡単なクイズ形式ならば、ユーザーは深く考えずにパッと答えられます。ユーザー目線で答えやすい質問を意識すると、高い参加率が期待できます。問いかけ形式のコンテンツを作成する際には、必ずチェックしましょう。

図15 問いかけは「ユーザーが答えやすいかどうか」を考える

・「海外旅行の定番の土産といえば?」といった質問

質問が漠然としていると
すぐには連想しにくいので、参加率が下がってしまう…

・「東京のお土産の定番といえば?」といった質問

誰でもわかる具体的な質問は
パッとすぐに答えられるので、参加率が上がる!

No.

07

［ハッシュタグ］

検索する人の目線で
ハッシュタグを選ぼう!

　今やハッシュタグは、ユーザーの目に触れるために欠かせないものです。ハッシュタグは、返ってくる反響の大きさやフォロワーの増え方にも影響します。

⦿ ハッシュタグは人気度で使い分ける

　Instagramのハッシュタグは最大で30個までつけられます。さらに2017年よりハッシュタグのフォローも可能です。趣味や関心にあわせた**キーワード単位**で、ユーザーと交流できるようになりました。投稿した画像に関連するハッシュタグであることはもちろん、利用数（投稿数）の多いハッシュタグを利用することで、投稿を見てもらえる可能性が上がります（図16）。

○ 小テーマ

　「#社名」「#ブランド」「#商品名」など投稿写真に関する企業アカウント独自のハッシュタグです。社名やブランド、キャンペーン用のタグなどが該当します（例：「スターバックス」などの固有名詞）。

○ 中テーマ

　投稿写真に関する「#商材・カテゴリー」などを選びましょう。投稿を目にしたユーザーにこの投稿が何なのかをしっかりと伝えることが目的です（例：「カフェ」などの商品カテゴリー）。

○ 大テーマ

　中テーマよりも抽象度が高く、Instagram内でも頻繁に利用されるハッシュタグです。「#固有名詞」の他に、「#insta○○」「#○○な人と繋がりたい」「#○○部」などが該当します（例：「カフェ部」など

図16 ハッシュタグの考え方

中テーマ
投稿に関するもの

大テーマ
世間的に広く認知されている
単語や関連するもの

小テーマ
アカウントに関するもの

#社名
#ブランド
#商品名

#○○店
#○○屋
#商材・カテゴリー

#insta○○
#○○な人と繋がりたい
#○○部

**小テーマであるほど具体的で投稿数が少なく、
大テーマであるほど抽象的で投稿数が多い**

出典：WE LOVE SOCIAL「Instagramのハッシュタグ選定で必要な考え方と活用事例」
URL https://www.comnico.jp/we-love-social/the-best-instagram-hashtags

図17 ユニクロのInstagram投稿

ユニクロの商品とマッチ
する人気ハッシュタグ

Point

● 投稿数の多いハッシュタグを使う
● ただし、写真と関連のあるハッシュタグを入れる

出典：ユニクロ（@uniqlo）のInstagramアカウント
URL https://www.instagram.com/p/BT49OLJFK1u/

103

の幅広いタグ)。

　ユニクロの Instagram 公式アカウントでは、「ユニクロ」などの固有名詞はもちろん、「シンプルコーデ」など人気のハッシュタグを取り入れ、多くの人の目に触れる工夫を凝らしています (図17)。シンプルなデザインが多いため、単に商品紹介をするだけでなく、トレンドアイテムのコーディネートの画像を投稿するなどしています。

　Instagram では投稿数の多いハッシュタグをつけることが原則です。その時には、**投稿した写真や動画と関連性の高い小テーマのハッシュタグから考えていきましょう**。全く関係のないタグは、検索したユーザーの期待を裏切ってしまい、不快な気分にさせてしまうなど逆効果になることもあると覚えておきましょう。

◎ 掲載されるハッシュタグの選び方

　ハッシュタグは使う人が多いハッシュタグであるほど、「発見タブ」などの一覧に掲載されにくい傾向があります。たくさんの人たちが使うということは、その中で多くの「いいね!」やコメントを集めなければ結果的に投稿が埋もれる傾向にあるからです。一方で、合計投稿数の少ないハッシュタグは、検索数や利用数、「いいね!」数が少なくても人気投稿欄に表示されやすいという利点もあります。また、独自のハッシュタグが人気になれば、ユーザー自身がそのタグをつけて投稿してくれる可能性も十分あります。

　図18の ANA の例では、「#羽田空港」「#飛行機」といった投稿数の多いハッシュタグがある一方で、「#夜景ら部」といったハッシュタグもあります。飛行機好きな方のほか、夜景好きのユーザーにも反響の得られやすい投稿例です。また、「#スイーツ部」などの「#○○部」は、共通の興味・関心を持つ人たちのゆるやかなコミュニティが形成されており、ここでも情報を届けることに有効です。

図18 ANA.Japanの人気ハッシュタグ投稿成功例

ana.japan #空港夜景 #空港デート #夜景 #夜景ら部 #羽田空港 #飛行機 #nightview #hanedaairport #airport #airplane #ana_jp #ANA旅

一風変わった人気ハッシュタグ

投稿数のとても多い王道のハッシュタグ

投稿数の多い王道ハッシュタグと一風変わったハッシュタグを組み合わせ、投稿が埋もれることを防いでいる

出典：ANA.Japan（@ana.japan）のInstagramアカウント
URL https://www.instagram.com/p/BaLn18ZhNvC/

No.
08

［フォロワーを増やす］
より多くの人にコンテンツを 見てもらう3つの方法

　作成したコンテンツをより多くの人に見てもらうために、コンテンツ発信と並行してフォロワーの数を増やすことも考えていかなければなりません。

　フォロワーを増やす手法は大きく分けて3つあります。

　1つ目は、**自社の資産でのPR**です。

　自社の資産でのPRとは、すでに自社のファンが存在している場所で、SNSアカウントを知ってもらうことです。具体的には、名刺、ノベルティ、公式Webサイトやメールマガジン、広報誌、従業員1人ひとりによる告知など、情報を伝えられるものは最大限活用するようにしましょう（図19）。

　2つ目は、**SNSの広告**です。

　広告は、自社のことを知らないユーザーにアプローチする時に最適です。広告についてはCHAPTER 5で詳しく説明しますが、ファンを増やすための広告や、投稿そのもののリーチ数を増やすための広告など様々なタイプがあります。

　3つ目は、**プレゼントキャンペーン**です。

　「フォロー&リツイートした方の中から、抽選で50名様に新発売のお菓子をプレゼント」のようにフォローすることを参加条件にしたキャンペーンで、フォロワー数を大きく伸ばすことができます。

　また、キャンペーン情報を広告配信することで、参加人数の増加やそれに伴う拡散効果も期待できます。ただし、Facebookなどはファンになってもらうことを応募条件としたキャンペーンを禁止しているので、注意しましょう。

図19 自社の資産を使ってファンを増やす方法（チェックリスト）

自社の資産	○ × チェック
名刺での案内と掲載	
手提げ袋、封筒、 各種ノベルティ	
公式Webサイトでの SNSアカウント掲載	
メールマガジン、広報誌 でのお知らせ	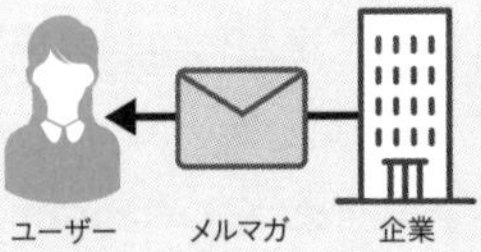
従業員による シェア、告知	

No.

09

［投稿企画］
限られた予算でも大きな宣伝効果を生むポイント

　多くのユーザーに自社の商品・サービスの情報を発信してもらえたら、低予算で大きな宣伝効果を生むことができます。 ここでは、ユーザーによる自発的な声を活用することについても考えてみましょう。

　アクションカムを提供しているGoProは、実際にGoProを利用して投稿した写真の利用許可をとり、自社のアカウントの投稿に生かしています（図20）。投稿してくれたユーザーに対して、コメントで許可をとったり、特定ハッシュタグをつけたりすることで利用許諾を得る方法が一般的です。

　他にも明治の「ザ・チョコレート」では、Twitter上で、おいしさだけでなくパッケージにも好意的な評判やコメントが集まっています。森美術館では、企画展などで展示している作品の撮影が許可されています。美術館の入口の目立つところに、「#ヘザウィックスタジオ展」（開催中の企画展）というハッシュタグを掲出してSNSへの投稿を促すとともに、投稿がこのハッシュタグに集まるよう誘導することで、UGCの醸成や来館につなげています。

　また、栃木県宇都宮市のプロサッカークラブ、栃木SCの事例も紹介しましょう。TwitterやInstagram、TikTokで「#栃木SC」を検索すると、所属選手本人のツイートの他にも、グッズを購入した人、試合会場に足を運んだファンの投稿や前向きな感想、声援、フットボールマガジンの公式アカウントの投稿など、様々な投稿を見ることができます。

　このように、1人ひとりの好意的な声や行動を促せれば、限られた予算でも成果を生むことができます。

図20 GoProのInstagram投稿

ユーザー自身がその商品を利用し、
投稿したくなる仕掛けが必要

出典：GoPro（@goprojp）のInstagramアカウント
URL https://www.instagram.com/goprojp/

No.

10

［使い分け］

魅力的なプロフィールを
つくろう

● 初見の人も、既存の顧客が見てもわかるプロフィール

　フォローする際に、必ずといっていいほどチェックする場所がプロフィールです。プロフィールのポイントは、企業や製品・サービスのことを知らない人が見ても理解できる内容にすることです。なお、本節では、Instagramを題材にしていますが、どのSNSでも応用できるのでぜひ参考にしてください。

　あなたが、鹿児島県霧島市にある「安らぎの湯」（仮の名前です）という老舗ホテルの公式アカウントの担当者だとしたら、以下のような点に着目します（図21）。

①プロフィール写真

　スマホで見てもわかるサイズ・視認性の高い画像を使用

②アカウント名（名前）

　検索時の対象。「温泉」などの言葉を入れる

③プロフィール文

- 特徴などを端的にし、フォローしたくなる工夫をする
- 受賞歴などの実績などを記載し、信頼性を高める

④ハイライト

- アイコンはスマホでも見やすいサイズや企業のカラーを選ぶ
- 全角6文字以内、英数は7文字以内に収める
- よくある質問とその回答：質問箱の機能を活用

図21 プロフィールの参考例

< **yasuragi.onsen** ...

①

551	8,950	200
投稿	フォロワー	フォロー中

② 安らぎの湯｜鹿児島県霧島市の温泉つきホテル

③

ホテル・旅館（or温泉）

非日常な空間を体験してみませんか？
大自然を独り占めできる別荘スタイルの宿です。

・東京ドーム13個分の敷地 🏔
・温泉つきヴィラ5棟♨
・プライベート空間に癒やされる 🛁
・鹿児島空港から車で約20分🚗
・○○トラベルアワード受賞

タグづけか＃天空の森で投稿してくださった方の中から
紹介させてもらうかもしれません📷💥

ご宿泊に関しては下記HPをご覧ください👇
xxxxxx.co.jp
鹿児島県霧島市○○町

④

ご質問

当館の魅力

アクセス

お知らせ

No.

11

［動画 ①］

動画コンテンツの魅力

　今や動画は、YouTube 以外の SNS でも気軽に配信できるようになりました。2022 年のニールセンの調査によると、「SNS で動画視聴している」と回答したユーザーが全年齢 40%、さらに 30 代以下に絞ると 62% まで上昇したとあります（図 22）。

● SNS で視聴する動画のタイプにも変化

　近年ではショート動画や動画広告の普及にも変化が見られます（図 23）。以前は「30 秒以上の動画」が最多でしたが、「30 秒未満の短編の動画」も 2021 年から増加しており、逆転の可能性も出ています。なお、短編動画を視聴する人ほど SNS 内のおすすめ機能を活用する割合が低かったとしています。

　さらに、SNS で短編動画を視聴する人の割合は 60% にまで達していると発表がありました。

　また、Fint 社の調査によると「タテ向き」動画は、5 分未満が視聴されやすい傾向があるようです。

　YouTube のレシピ動画やゲームの新作タイトル、物語性のあるコンテンツなどは 10 分を超える動画などでも、再生数は多くなる傾向にあります。ぜひ自社の中で最適な長さを探ってみてください。

● ライブ配信で一体感を生み出す

　LINE LIVE や YouTube、Instagram、Twitter をはじめ、各 SNS ではリアルタイムで、動画配信可能な「ライブ機能」も活発に利用され始めています。アウトドア商品やキャンプフィールドを提供する Snow

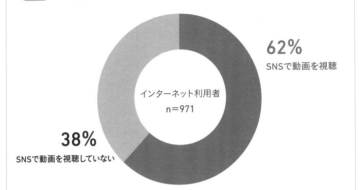

図22 30代以下のインターネット利用者のSNSでの動画視聴割合

62%
SNSで動画を視聴

インターネット利用者
n＝971

38%
SNSで動画を視聴していない

※SNSはFacebook、Instagram、Twitterを集計
出典：PRTIMES「動画視聴環境が多様化する中でのコミュニケーション方法とは～
　　　ニールセン　消費者のマルチスクリーンの利用状況を発表～」
URL https://prtimes.jp/main/html/rd/p/000000103.000047896.html

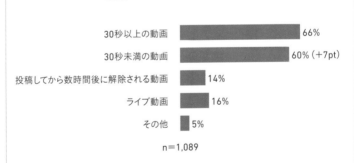

図23 SNSでの視聴動画タイプ

30秒以上の動画	66%
30秒未満の動画	60%（＋7pt）
投稿してから数時間後に解除される動画	14%
ライブ動画	16%
その他	5%

n＝1,089

※SNSはFacebook、Instagram、Twitterを集計
※母数はSNSで動画を視聴している人
※カッコ内は昨年比で有意差があったものを記載
出典：PRTIMES「動画視聴環境が多様化する中でのコミュニケーション方法とは～
　　　ニールセン　消費者のマルチスクリーンの利用状況を発表～」
URL https://prtimes.jp/main/html/rd/p/000000103.000047896.html

CHAPTER

2

Peak Japanの公式Instagramアカウントでは、テントの設営講習やスタッフによる焚き火トークを実施しています。オンタイムで見られなくても、ニュースフィードでアーカイブを閲覧できるようになっています（図24）。

　その他にも、ニュースメディアのアカウントであれば取材現場の様子を、スポーツチームのアカウントであれば試合が始まる前の様子をライブ配信し、その場にいない方でも楽しめるようになりました。このように、**ライブ動画は、リアルタイムで見ている人にしか味わえない参加感や一体感を生み出します。**

　図25は、有料・無料を問わず、どのような動画を見ているかの調査です。コロナ禍1年目の2020年はテレビ放送・ネット動画配信ともに利用が急進しましたが、その後自粛が緩和された時期もあり、やや落ち着きを見せた形になっています。

　さらに、無料の動画配信または動画共有サービスをよく視聴すると回答したユーザーの中では、「YouTube」が94.5％で突出しており、「Twitter」「LINE」、無料の動画配信サービスである「TVer」といった順で人気があるようです。LIVE動画・LIVE配信は落ち着いているように見えます。しかし、YouTubeやInstagram、TikTokでは、アーカイブ動画を残せるため、配信後も閲覧してもらえる可能性があるといえます。実際に、ライブ配信の動画を公開しているアーティスト、企業アカウントも見られます。

　このような動画やライブ配信を行うと、より多くの「いいね！」やコメントを得やすいと考えられます。しかし、形式よりも、ユーザーやファンが喜んでくれるコンテンツでなければ反響は得られません。コンテンツの中身がおろそかにならないように注意しましょう。

図24 Snow Peak JapanのInstagramライブコンテンツ

テントの設営講習・焚き火トークなどのコンテンツ

出典：Snow Peak Japan（@snowpeak_official）のInstagramアカウント
URL https://www.instagram.com/snowpeak_official/

図25 よく視聴する映像・動画の種類（複数回答）

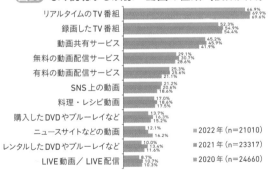

	2022年（n=21010）	2021年（n=23317）	2020年（n=24660）
リアルタイムのTV番組	66.9%	69.9%	69.6%
録画したTV番組	52.3%	54.9%	54.4%
動画共有サービス	45.2%	45.9%	41.9%
無料の動画配信サービス	29.1%	30.7%	28.6%
有料の動画配信サービス	25.3%	25.6%	21.1%
SNS上の動画	21.2%	20.6%	18.6%
料理・レシピ動画	17.0%	18.6%	17.5%
購入したDVDやブルーレイなど	13.7%	16.3%	15.2%
ニュースサイトなどの動画	12.1%	16.2%	
レンタルしたDVDやブルーレイなど	10.0%	13.4%	11.6%
LIVE動画／LIVE配信	8.7%	10.7%	10.3%

出典：インプレス総合研究所『動画配信ビジネス調査報告書2022』
URL https://research.impress.co.jp/topics/list/video/651

No.

12

［動画 ②］

通常投稿・短尺動画・ストーリーズ・ライブなどはどう使う？

　SNSの投稿コンテンツの形式が増えていますが、それぞれの特徴は図26のとおりです。この性質を踏まえて、以下のようなシーンで使い分けることをおすすめします。

◎ こんな時に使おう

① フィード投稿（図26）

- 既存のフォロワーとフォロワー以外、どちらにも見てほしい時
- 写真や画像が複数枚あり、まとめて投稿したい時

　上記2つを実施したい時に特に有効です。**ハッシュタグを入れて、検索しているユーザーに見つけてもらう工夫が必須**です。ハッシュタグの使い方については、07で触れているとおりです。

② リール投稿（ショート動画）（図26）

- フォロワー以外の人にも見てもらいたい（多くの人にリーチしたい）時
- 既存の写真や動画を組み合わせて動画をつくりたい時

　リールは「発見タブ（検索機能）」やフィード、「リールタブ」など複数の場所に表示される仕様になっています。フォロワー数に関係なく、興味や関心を持つ方に見てもらえる可能性があるので、特に**リーチに伸び悩んだ時**は積極的に活用したいところです。

図26 Instagramのフィード投稿とリール投稿

フィード投稿

- フィード、発見タブに表示
- 投稿後、ストーリーズに投稿可
- 最大10枚・動画対応
- ハッシュタグ30個
- 正方形・縦長・横長
- 動画は、最長15分

出典：JAL公式Instagram

リール投稿

- フィード、リールタブ、発見タブ
- 投稿後、ストーリーズに投稿可
- 動画・音楽の加工も可能
- 最長90秒まで
- 「リミックス」でコラボも可能
- フォロワー以外に閲覧されやすい

出典：ブルーボトルコーヒー公式Instagram

③ストーリーズ（図27）

- フォロワーとコミュニケーションをとりたい時
- 外部サイトへのURLのリンクをつけたい時
- プロフィールにハイライトを設置したい時

　ストーリーズは表示される場所が限られており、フォロワー以外の方には表示されにくい傾向がありますが、一方でファンの方からの質問を受けつけたり、リンクを貼ったり、フォロワーとのコミュニケーションに向いている機能が豊富です。

④ライブ（図27）

- 新商品の紹介・ゲストトーク・質問コーナーなど、イベントを中継したい時
- 他の企業とコラボレーションをしたい時

　ライブ配信ではその時間が限られているからこそ、魅力的なイベントと事前告知が重要です。配信者側が質問をチェックしたり、アウトとインを切り替えたり、別の画像を表示してライブするなど、豊富なライブ機能がそろっています。

● 目的を持って使い分けよう

　このように、リーチを増やしたいのか、フォロワーとのエンゲージメントを高めたいのかによって、使い分けるという考え方もあります。

　この他にも、ライブではリハーサル機能もあるため、本番に向けたシミュレーションもできます。スムーズな進行ができるように、何度か練習をするとよいでしょう。

図27 Instagramのストーリーズとライブ

ストーリーズ（ハイライト）

- フィードの最上部、発見タブ
- ハイライトはプロフィール欄
- 質問箱など設置可能
- 動画は、15秒単位で分割
- 写真・テキストは3秒表示
- 24時間で消える

出典：JAL公式Instagram

ライブ

- フィード上の最上部
- 4人まで同時配信が可能
- 画像のシェアや質問の確認
- 配信時間は、最大4時間
- 24時間公開（保存可能）
- 再生後にフィード投稿が可能

出典：レンタルポジをもとに筆者作成

`COLUMN`
"インスタ映え"する写真がない企業の工夫

　100円ショップ「ダイソー」を展開する株式会社大創産業の Instagram 公式アカウントは、投稿画像に様々な工夫を凝らし、フォロワー数は180万人を超える（2023年6月時点）など大きな反響を集めています。

　図28ではカレーを最後までおいしく食べるための「お皿」「スプーン」を紹介しています。実際にカレーをすくう様子が動画で紹介されており、使いやすそうな形、サイズ感も伝わりやすく、実際に使ってみたくなります。

　加えて、テキストの入力欄には投稿画像に登場している商品の名前を明示し、ユーザーがお店に行ってスマホを見せればすぐに欲しい商品が手に入れられるよう考えられています。

　「いいね！」はもちろん、コメントとしても「便利そう」「欲しい」「愛用しています」などと、毎回大きな反響が寄せられています。

　他にも日本経済新聞の Instagram 公式アカウントでは、「1秒で役立つ！ビジネス用語」として、次世代を担う若手社会人向けに日頃なじみのないビジネス用語を紹介しています。ビジュアルがなく、テキスト中心でも読みやすい編集が特徴です（図29）。

　このように一見"インスタ映え"が難しそうな企業でも、**写真の構図やテキスト、被写体やハッシュタグを工夫**して人気を集めることができるのです。

図28 フォロワー数180万人を超えるダイソーのInstagram投稿

出典：ダイソー（@daiso_official）のInstagramアカウント
URL https://www.instagram.com/p/CsDh47ESVJ7/

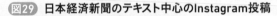

図29 日本経済新聞のテキスト中心のInstagram投稿

出典：ヤング日経（@nikkei_young）のInstagramアカウント
URL https://www.instagram.com/p/CtFZ11-rF6O/

COLUMN

Instagramではハッシュタグ
フォローができる

　Instagramは、ハッシュタグのフォロー機能を2017年12月にリリースしました。ハッシュタグがついている投稿のうち、「いいね！」やコメントが多い投稿やストーリーズが選ばれ、フィードに表示される機能です。

　では、この機能は企業のSNSアカウントにどのような影響を与えるのでしょうか？

●企業のアカウントをフォローしなくてもよくなる!?

　Instagramで「ハッシュタグで検索して画像を探す」という行為は、特に若い世代にとっては、Googleでキーワード検索するのと同じように、情報収集手段として根づいています。

　このハッシュタグそのものがフォローできるようになったことで、ユーザーは必ずしも特定のアカウントをフォローしなくても、関心の高いテーマの画像や動画を閲覧できるようになったのです。

　企業の立場で考えると、ハッシュタグフォローによって自社のアカウントにフォローしてもらうことがより難しくなっていくことが想定されます。

●コンテンツの質がますます重要に

　ユーザーからフォローしてもらうためには、単にその企業やブランドが知られているだけでなく、愛着や好感を持ってもらうことがますます重要になっていくでしょう。

　ぜひ、本章で紹介したコンテンツづくりのコツを生かしてください。

CHAPTER

3

コンテンツの分析方法

No.

01

〔投稿の効果測定〕

反応分析で
投稿の精度アップを図る

　SNSでは、企業が発信した情報に対するユーザーの生の声が、「いいね！」やコメントなどを通してすぐに得られます。**効果測定がすぐにできるため、ユーザーに受け入れられるコンテンツに軌道修正ができます。** つまり、コンテンツを企画して発信し、ユーザーの反応を見て改善するという**PDCA**サイクルを、速いスピードで回すことができるのです。

　これは従来のメディアではほとんど得られなかったメリットです。例えば、テレビCMはたくさんの人に発信はできますが、何人にリーチしたのかなどの数値的な反響をすぐに知ることはできません。雑誌広告も、発行部数を知ることはできても、どれほどの反響があったのか、どのような内容がよかったのかまでは詳しく調査しなければわかりません。

　効果測定がすぐにできるという**SNS**の大きな特性を存分に生かすために、ユーザーから受け入れられた投稿内容や反響のあった投稿内容を分析しましょう。

● 日々反省。トライ＆エラーで効果を測定

　改善するために必要なのはもちろん、スタッフ全員が運用状況を把握するためにも、**毎月レポートを作成する**必要があります（図1）。

　あらかじめ決めたKPIを基準に、当月の数値や前月比、これまでの推移などがわかる資料を作成してください。また、「いいね！」数やコメント数が多い投稿と少ない投稿を比較し、その理由を考えて、次のコンテンツに生かしましょう。

図1 目標に沿ったレポートの作成と分析

① 具体的なKPIを決める

例：「ファン数5,770人以上、投稿リーチ数40,000以上、ファンへのリーチ率10%
以上、口コミリーチ率75%以上、アクション数2,500以上、アクション率8%以
上」を目標とした場合

② 毎月のレポートを作成する

投稿のファンとリーチ、アクションの推移

	3月	4月	5月	6月	7月	8月	
ファン数	5,593	5,627	5,676	5,736	5,760	5,777	目標を上回るファン数獲得！
前月比	ー	+0.61%	+0.87%	+1.05%	+0.42%	+0.30%	
投稿リーチ数 投稿のリーチ数の総計	32,925	14,789	29,373	27,656	17,235	43,597	目標を上回る投稿リーチ数獲得！
前月比	ー	−55.08%	+98.61%	−5.85%	−37.68%	+152.96%	
ファンへのリーチ率 ファンへのリーチ数／ファン数	9.38%	7.76%	11.10%	12.60%	7.92%	12.63%	目標を上回るファンへのリーチ率獲得！
前月比	ー	−17.27%	+43.04%	+13.51%	−37.14%	+59.47%	
口コミリーチ率 口コミリーチ数／投稿リーチ数	71.81%	65.10%	60.92%	68.57%	45.99%	59.30%	口コミリーチ率目標未達成…
前月比	ー	−9.34%	−6.42%	+12.56%	−32.92%	+28.94%	
アクション数 投稿に対してアクションを実行した人の総計	2,596	1,001	1,527	1,532	767	2,185	目標を上回るファンへのアクション数獲得！
前月比	ー	−61.44%	+52.55%	+0.33%	−49.93%	+184.86%	アクション率目標未達成…
アクション率 アクション数／投稿リーチ数	7.88%	6.77%	5.20%	5.54%	4.45%	5.01%	
前月比	ー	−14.09%	−23.19%	+6.54%	−19.68%	+12.58%	

※各項目のデータは、小数点第3位以下を四捨五入して表示している。前月比については実数から算出しており、各項目の表
示数を計算した値とは異なる場合がある
※各リーチ数およびアクション数は投稿ごとのユニークユーザー数であり、月間のユニークユーザー数ではない

目標を基準に、「いいね！」数やコメント数が多いか少ないかを判断
し、投稿の特徴を確認。翌月以降の投稿に生かそう！

No.

02

［SNSの分析機能を使おう ①］

Facebookページを
分析する

各SNSには、「いいね！」数やエンゲージメント数などを分析する機能がついています。資料作成の際に役に立つ機能なので、その使い方を紹介します。

● Facebook分析ページでできること

Facebookページを分析するには、Facebookインサイトという機能を使います。Facebookページの左側にあるメニューの「プロフェッショナルダッシュボード」をクリック（❶）すると開きます（図2）。

初めに表示される画面では、指定した期間のFacebookページの現在のフォロワー数、投稿のリーチ、エンゲージメント、ページへの新規の「いいね！」などのパフォーマンスの概要を確認できます（❷）。同じ画面をスクロールすれば、直近3件の投稿の分析（リーチ数やエンゲージメント数など）（❸）がわかります。さらに、メタビジネススイートというMeta社独自の管理ツール（https://business.facebook.com/latest/insights/overview）のインサイトの左メニューの「ベンチマーキング」という機能で、他社のページの数字と比較できます（❹）。なお、メタビジネススイートは無料で利用でき、Instagramの数値も一緒に確認できます。「競合ページ」として他社のFacebookページを指定しておけば、**競合のコンテンツの分析を見ることもできる**のです（❺）。競合と比較できるので、自社のKPIの設定などに役立てることができます。

メタビジネススイートの左メニューからは、ページのリーチ、プロフィールへのアクセス数などの推移を確認できます。例えば、左メ

図2 Facebookページを分析する

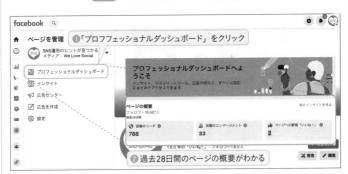

1 「プロフェッショナルダッシュボード」をクリック

2 過去28日間のページの概要がわかる

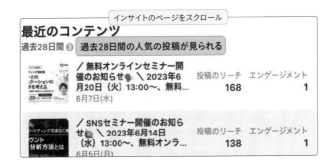

インサイトのページをスクロール

最近のコンテンツ

過去28日間 3 過去28日間の人気の投稿が見られる

4 「メタ ビジネススイート」のインサイトにアクセスし「ベンチマーキング」を使う

他社アカウントを追加できる

5 他社フォロワー数なども確認できる

ニューの「結果」をクリック（❻）すると、過去28日間のリーチや
プロフィールアクセスの合計と日ごとの推移（❼）も確認できます。
また、広告（スポンサー）や自社のページ、モバイルなど、どこから
「いいね！」が獲得されたのかがわかるようになっています。

　さらに「オーディエンス」をクリック（❽）すると、フォロワーの
合計値だけでなく、年齢比や男女比、性別ごとの割合を見ることがで
きます。現在のフォロワーがアプローチしたい年齢層や性別に対し
て情報が届いているかなどを調べられるので、**今後どのような投稿を
増やすべきかのヒントになります**。

　さらにオーディエンスをスクロールすると（❾）、フォロワーの上
位の市区町村も調べられます。例えば近隣のエリアや海外の人の割
合が、どれくらいいるのかがわかります。**特にアプローチしたい地域
の情報を投稿したり、今までアプローチできていない地域の方向けの投
稿をしたりする際のヒントになるでしょう。**

　同じタブにある「コンテンツ」では、画像・動画などメディアの形
式ごとのリーチの中央値が確認できます（❿）。また同じ画面では、
リール、アルバムなど投稿タイプごとの中央値もわかる（⓫）ので、
**同じ内容でも、どのような形式やタイプが効率的にリーチするかの参考
になります。**

　このように、Facebookページの分析機能では、あらゆる情報が取
得できますが、その情報量の多さゆえに管理が煩雑になりがちです。
Facebookページの数値を効率的に集計するために、自社のKPIに
絞って必要なデータを中心に見ていきましょう。例えば、次のように
自社のKPIに沿ったチェック項目を決めておくとスムーズです。

- **今月最もユーザーに見られている投稿**
  →図2の❸をチェック
- **今月の競合他社のアカウント動向**
  →図2の❹をチェック

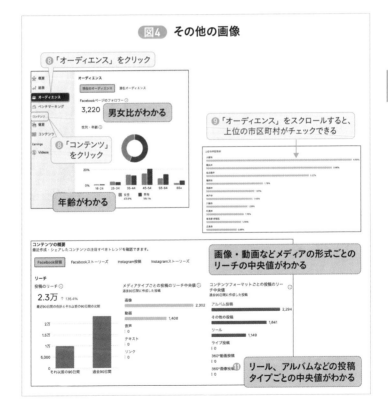

図3 リーチやプロフィールのアクセス数を見る

⑥「メタ ビジネススイート」のインサイト「結果」をクリック

⑦ リーチの合計や推移

⑦ プロフィールのアクセスの合計や推移

図4 その他の画像

⑧「オーディエンス」をクリック

男女比がわかる

⑧「コンテンツ」をクリック

年齢がわかる

⑨「オーディエンス」をスクロールすると、上位の市区町村がチェックできる

画像・動画などメディアの形式ごとのリーチの中央値がわかる

⑪ リール、アルバムなどの投稿タイプごとの中央値がわかる

No.

03

〔SNSの分析機能を使おう ②〕

Twitterアカウントを
分析する

◉ Twitter分析ページでできること

　Twitterの分析機能であるTwitterアナリティクスは、Twitterのア
カウントを持っていれば、企業や個人を問わず誰でも利用すること
ができます。Twitterアナリティクスにアクセスするには、PCの
Twitter画面から「ホーム」をクリック（❶）し、表示されるメニュー
から「もっと見る」をクリック（❷）し、さらに「Creator Studio」を
選択後、「アナリティクス」をクリックしましょう（❸）（図5）。な
お、この機能はスマホアプリからは利用できません。

　初めに表示される「アナリティクスのホーム画面」では、「過去28
日でのパフォーマンスの変動」として、**直近28日のツイート数やツ
イートのインプレッション数、プロフィールへのアクセス数などが確認
できます**。また、ひと月ごとに最もインプレッションを獲得した
「トップツイート」なども表示されます。

　アナリティクスのホーム画面上部のメニューから「ツイート」をク
リックすると、ツイートアクティビティが表示され、**日別の獲得イン
プレッション数とツイート数の推移を見ることができます**。さらにその
下にはツイートごとのインプレッション数、エンゲージメント数、エ
ンゲージメント率が一覧になっています。ツイートごとに設けられ
た「ツイートアクティビティを表示」をクリックすると、そのツイー
トに対する反応の内訳も確認できます。

　その他にも、「詳細」の「動画」では、過去に投稿した動画の再生
数や視聴の完了率などがわかります。

図5 Twitter分析ページへのアクセス手順

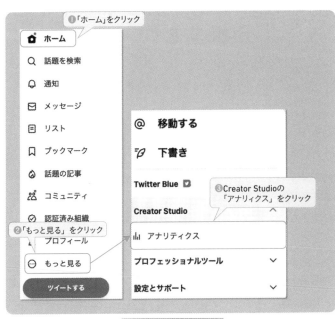

①「ホーム」をクリック

- 🏠 ホーム
- 🔍 話題を検索
- 🔔 通知
- ✉️ メッセージ
- 🗒 リスト
- 🔖 ブックマーク
- 💧 話題の記事
- 👥 コミュニティ
- ✅ 認証済み組織

②「もっと見る」をクリック

- プロフィール
- 😊 もっと見る

ツイートする

@ 移動する

✏️ 下書き

Twitter Blue 🔵

Creator Studio

③Creator Studioの「アナリティクス」をクリック

📊 アナリティクス

プロフェッショナルツール ∨

設定とサポート ∨

分析ページでわかること

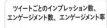

インプレッションの多いツイート

すべてのツイートの日別合計 獲得インプレッション

5.0千
4.0千
3.0千
2.0千
1.0千

ツイート数の推移

4月1日
🐦 ツイート {40}

5月1日
🐦 ツイート {32}

6月1日
🐦 ツイート {48}

ツイートごとのインプレッション数、エンゲージメント数、エンゲージメント率

👤 ▬▬▬ 1月2日
お菓子総選挙を開催します！

○ ↻ ♡ 📊 ⬆️

ツイートに対する反応
（「いいね」数、リンクのクリック数など）

フォロワーの属性
（職業、興味・関心など）

No.

04 ［SNSの分析機能を使おう ③］
Instagram アカウントを分析する

● Instagram 分析ページでできること

　Instagramの分析機能であるプロフェッショナルダッシュボードを利用するためには、ビジネスのためのアカウント（プロアカウント）の作成が必要です。プロアカウントにすると、アカウントを「非公開」にできなくなりますが、インサイトのチェック、広告の出稿ができるメリットもあります。

　プロアカウントの作成は、プロフィールからプロアカウント切替後の必要事項を入力したら完了です。切替後、プロフィールページ上に表示されるインサイト（❶）から開くことができます（図6）。

　画面最上部の「概要」では、1週間ごとのリーチ、「リーチしたアカウント数」、「いいね！」やコメントをくれたユーザー数を示す「アクションを実行したアカウント」、「合計フォロワー」の前週比を把握できます。また、「リーチしたアカウント数」をタップすると、「フォロワー数とフォロワー以外」の比率を見ることができたり、上位の形式の内訳がわかります。さらにスクロールしていくと、「投稿」「ストーリーズ」「リール」などのように形式ごとのリーチがわかります。さらに最下部には、「プロフィールのアクティビティ」という項目が存在し、プロフィールのアクセス、外部リンクへのタップ数などもチェックできます。「あなたがシェアしたコンテンツ」では、リールやストーリーズなどのタイプごとに変更できます。

図6 Instagram分析ページへのアクセス手順

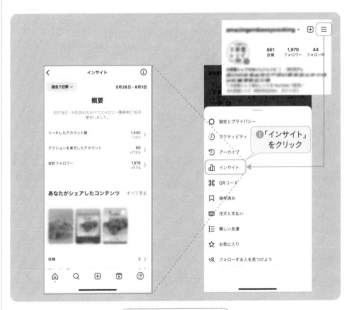

分析ページでわかること

フォロワー数

85人

過去1年間のデータ
(インプレッション数・リーチ数・プロフィールの閲覧数・保存数・DM数)

1年間

人気の投稿と経由
(投稿内容のインプレッション数・リーチ数・エンゲージメント数)

UP

投稿件数

計20件

フォロワーの統計データ
(性別、年齢、閲覧場所)

プロフィールに登録している Webサイトのタップ数

65回

※その他ストーリーズやリールに関する分析も可能

No.
05
［SNSの分析機能を使おう④］
LINEアカウントを
分析する

● LINE公式アカウントの分析ページでできること

　LINE公式アカウントではコミュニケーション／ライトプラン／スタンダードプランすべてのプランで分析機能を利用できます。

　管理画面（https://www.linebiz.com/jp/entry/）にログイン後、ホーム画面にアクセスできます。さらに「分析」を選択すると、7日間・30日間のどちらかの期間の「メッセージ通数」「友だち追加」「ターゲットリーチ」「チャット（アクティブルームや受信メッセージ）」をチェックできます（図7）。

　「属性」の項目では友だちの「性別・年齢・地域」が把握できます。また、友だち追加経路（検索経由やQRコードなど）がわかります（図8）。広告を出稿した場合は、友だち獲得単価や追加率などもわかります。

　「メッセージ配信」では、投稿ごとの配信数、開封数、クリック数がわかります。動画／音声の場合は、「再生開始ユーザー数」「再生完了ユーザー」の数がわかるので、**最後まで興味を持ってくれた内容だったのかを知る判断材料**になります。

　「LINE VOOM」の項目では、VOOM単体のフォロワー数、男女比・年齢比などのデータも閲覧できます。投稿のインプレッションや、再生数も確認できます。

　その他「クーポン」では、クーポンごとの開封者数や使用者数、「ショップカード」では、カードの発行数やポイント別の使用ユーザー数まで把握できます。このようにLINEならではの分析機能が豊富です。

図7 LINE 公式アカウントの「分析」画面

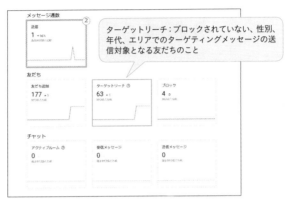

出典：LINE for Business
URL https://www.linebiz.com/jp/manual/OfficialAccountManager/insight/

図8 LINE 公式アカウントの「友だち追加経路」画面

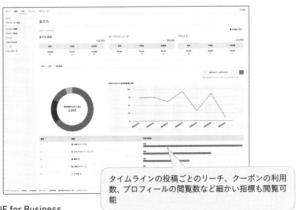

出典：LINE for Business
URL https://www.linebiz.com/jp/manual/OfficialAccountManager/insight_
friends

No.
06
〔SNSの分析機能を使おう⑤〕
YouTubeチャンネルを
分析する

● YouTubeの分析ページでできること

　YouTube Studioでは、ホーム画面でサマリーとして累計の再生数などをチェックできます（図9）。トップページでは以下のメニューを閲覧できます。

○「ダッシュボード」欄でわかること（図10）
- 最新の投稿：高評価数・コメント数
- 現在のチャンネル登録者数
- 人気の動画
- YouTubeショートの最新パフォーマンス（投稿した場合）

○「アナリティクス＞リサーチ」でわかること
- トラフィックソースの種類：視聴者が動画を見つけた場所
- 外部サイト：YouTube動画が埋め込まれている、またはリンクされているWebサイトやアプリからのトラフィック
- インプレッションと総再生時間の関係：YouTubeで動画が表示された回数と、それが実際の動画視聴につながったかどうか
- YouTube検索：視聴者を動画に誘導した検索語句

○「視聴者」タブでわかること
　視聴者の増加につながっている動画、アクセスしている時間帯、登録者が見ているもの（動画・ショート・ライブ）などが表示されます。また、コンテンツ視聴者の性別分布や年齢分布も把握できます。

図9 YouTube Studioの管理画面

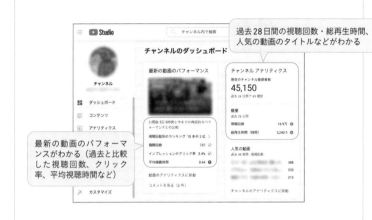

過去28日間の視聴回数・総再生時間、人気の動画のタイトルなどがわかる

最新の動画のパフォーマンスがわかる（過去と比較した視聴回数、クリック率、平均視聴時間など）

図10 YouTube Studioの「ダッシュボード」画面

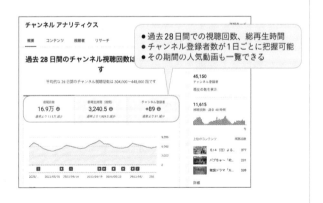

- 過去28日間での視聴回数、総再生時間
- チャンネル登録者数が1日ごとに把握可能
- その期間の人気動画も一覧できる

出典：YouTubeヘルプページ「YouTube Studioアナリティクス」
URL https://support.google.com/youtube/answer/9002587

No.

07

〔SNSの分析機能を使おう⑥〕

TikTokアカウントを
分析する

● TikTokの分析ページでできること

　プロアカウントに切替後、図11のようにプロフィールの右上にあるメニューから「クリエイターツール」（❶）→「インサイト」（❷）の流れで閲覧できます。また、LIVEの分析は「LIVE」→「LIVEセンターに移動」→「LIVE分析」の流れで閲覧できます。

○「概要」欄でわかること
　直近7〜60日の間で次のことがわかります。

- 動画の視聴数
- プロフィールの表示回数
- いいね！、コメント数、シェア数
- ユニーク視聴者数

○「コンテンツ」欄でわかること

- 直近7日で人気上昇中の動画
- 合計再生時間：平均視聴時間、フル視聴、新しいフォロワー
- 動画の視聴者：性別・年齢の割合

○「フォロワー」欄でわかること

- 総フォロワー数：期間内のフォロワー合計数
- 純フォロワー数：選択した期間に獲得した正味のフォロワー数
- フォロワーのインサイト
- 最もアクティブな時間帯

○「LIVE分析」欄でわかること

- 総視聴数／新規フォロワー／合計時間／ギフト贈呈者数など

図11 TikTokインサイトの概要

① 「クリエイター
ツール」をタップ

- ⠀クリエイターツール
- ⠀私のQRコード
- ⠀設定とプライバシー

クリエイターツール

一般

- ⠀インサイト
- ⠀クリエイターポータル
- ⠀プロモート
- ⠀Q&A*

② 「インサイト」
をタップ

28 フォロー中　25 フォロワー　44 いいね

プロフィールを編集　　友達を追加

インサイト

概要　コンテンツ　フォロワー数　LIVE

4月 04 - 5月 31　　　カスタム ∨

主な指標 ⓘ

動画の視聴	プロフィールの表示回数
81	**1**
+14 (+20.9%) ↑	+1 -- ↑

いいね	コメント
0	**0**
-1 (-100%) ↓	0 --

概要では、最大2つの動画の視聴、
「いいね」、コメント、プロフィール
の表示数を見ることができる

動画の視聴

5月 28
● 8

12
9
6
3
0

4月 04　　23　　5月 12　　31

CHAPTER

3

139

No.

08

［エンゲージメント率の計算方法 ①］

コンテンツの人気度を
測定しよう

　企業では、投稿したコンテンツがユーザーに喜ばれているかどうかを知るために、エンゲージメント率で効果測定をすることが多いでしょう。エンゲージメント率とは、ファンやフォロワーからコンテンツがどれだけ共感されたかを数値化したものです。

　ただし、各SNSの分析ページ上に表示される**「エンゲージメント」の定義や「エンゲージメント率」の計算方法は、SNSごとに異なります。**KPIにエンゲージメント率を設定する場合も多いと思うので、各SNSでエンゲージメント率が何を指しているのかをここで確認しておきましょう。

● Facebookのエンゲージメント率

Facebookが定義するエンゲージメントは、次のとおりです。

- **投稿へのリアクション**
- **シェア**
- **コメント**
- **リンククリック**
  ※ストーリーズの場合のエンゲージメントは、投稿へのリアクション、返信、シェアが該当

　Facebookのエンゲージメント率は、投稿にリーチした人数のうち、リアクション、シェア、コメント、そしてURLをクリックした人数の割合を示しています。計算式は、図12に示すとおりです。

図12 Facebookページの人気度は何で決まる?

Facebookが定義するエンゲージメント

投稿へのリアクション	シェア

コメント	リンクのクリック

ストーリーズの場合のエンゲージメント

投稿へのリアクション	返信	シェア

エンゲージメント率の計算式(Facebook)

$$\text{エンゲージメント率} = \frac{\underset{\text{(「いいね!」、シェア、コメント、リンククリックの数)}}{\textbf{エンゲージメント数}}}{\underset{\text{(投稿を見たユニークユーザーの数)}}{\textbf{リーチした人数}}}$$

● Twitter のエンゲージメント率

Twitter のエンゲージメントは、次のとおりです。

- ツイートのクリック（ハッシュタグ、リンク、プロフィール画像、ユーザー名、ツイートの詳細表示のクリックを含む）
- 投稿への「いいね」　　　　・リツイート
- 返信　　　　　　　　　　　・フォロー
- メディアのエンゲージメント数（画像や動画のクリック）　など

Twitter のエンゲージメント率は、エンゲージメントの数をインプレッションの合計数で割って算出するといわれています（図13）。

● Instagram のエンゲージメント率

Instagram のエンゲージメントは、同社による正式な発表はありませんが、メタビジネススイートでは、次のとおりです。投稿の保存数や動画の再生数などはエンゲージメントとして定義されていませんが、保存数や動画再生数も含めている企業の方もいます。

- 投稿へのいいね！　　・コメント　　・シェア

また、ストーリーズの場合、「返信」「シェア」「スタンプのタップ」とされています。

Instagram の場合、エンゲージメント率が表示されません。ただし、リーチ数またはインプレッション数をインサイト上で調べて、自社で算出することができます（図14）。

それぞれの計算式を見るとわかるように、どのSNSもユーザーからの反応が多ければ多いほどエンゲージメント率は高くなります。

図13 Twitterの人気度は何で決まる?

Twitterが定義するエンゲージメント

| ツイートの
クリック | 投稿への
「いいね」 | リツイート | 返信 | フォロー | メディアの
エンゲージメント |

エンゲージメント率の計算式（Twitter）

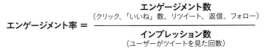

$$エンゲージメント率 = \frac{エンゲージメント数（クリック、「いいね」数、リツイート、返信、フォロー）}{インプレッション数（ユーザーがツイートを見た回数）}$$

図14 Instagramの人気度は何で決まる?

Instagramのエンゲージメント

| 投稿への「いいね!」 | コメント | 動画の再生数 |

エンゲージメント率の計算式（Instagram）

$$エンゲージメント率 = \frac{エンゲージメント数（投稿への「いいね!」、投稿の保存、コメントの数）}{リーチ\ or\ フォロワー\ or\ インプレッション数（投稿が表示された回数）}$$

No.

09

［エンゲージメント率の計算方法 ②］

YouTubeのエンゲージメントを調べる

◉ 動画が好意的な評価を受けているかを知る

　YouTube Studioの管理画面の「エンゲージメント」の欄を見ると、次の要素が重要だと考えられます。特に視聴維持率は、動画が最後まで見られているか、離脱されていないかなどを知る上で重要です。視聴維持率の見方は、図15のとおりです。また、その他の指標も、アルゴリズムのランクづけに重要視される要素といわれています。

- 視聴者維持率
- 高評価率
- 終了画面要素のクリック率
- 上位のリミックス

◉ 見つけられやすさもポイント

　YouTubeの場合は、ホーム画面やおすすめ動画、関連動画以外に、「YouTube検索」や「Google検索」から見つけて視聴するユーザーもいます。エンゲージメントと直接的な関係はありませんが、見つけてもらいやすくすることが、再生回数を増やすきっかけになります。

- 動画タイトル：動画に関連するキーワードを入れる
- 説明文：ハッシュタグやチャプター、関連動画などのリンク
- タグ：動画を「野球」、「料理」などジャンル分けするためのカテゴリー

　ただし、動画と関係のないタイトルやタグ、同じキーワードの繰り返し、URLの説明文はスパム扱いされることがあるため注意しましょう。タイトルなどは図16を参考に考えてみましょう。

図15 視聴者維持率の見方

動画の進行に応じて、グラフの波形が変化する様子がわかる。
主に次のパターンに分類できる

	平坦なグラフは、視聴者が最初から最後まで動画を再生していることを表す
	ゆるやかな下降は、時間の経過とともに視聴者が関心を失っていることを表す
	グラフの山の部分は、多くの視聴者が動画のその部分を繰り返し再生していること、または共有していることを表す
	グラフの谷の部分は、視聴者がその部分で視聴を止めたか、その部分をスキップしていることを表す

出典：YouTubeヘルプ「視聴者維持率を左右する重要なシーンを測定する」
URL https://support.google.com/youtube/answer/9314415?hl=ja&ref_topic=

図16 良いタイトル・悪いタイトル

良い例
- 札幌駅周辺の老舗ラーメン〇〇店レビュー！
- 料理初心者でもできる簡単居酒屋定番レシピ10選
- 10分で速習。中学レベルの英文法マスター「不定詞」編

悪い例
- おいしいお好み焼きレビュー動画
- おすすめの英語学習方法とは

できるだけ具体的に得られるメリットや訴求ポイントを書く

No.

10

［エンゲージメント率の計算方法 ③］

TikTok のエンゲージメント を調べる

◎ フル視聴や新規フォロワー数を把握する

　TikTokのインサイトを見ると、次の数値が高まるとおすすめに表示されやすく、視聴数やフォロワー数増加につながると考えられます。

○ TikTokにおけるエンゲージメント（図17）

- 動画の視聴数
- いいね！、コメント数、シェア
- プロフィールの表示回数
- ユニーク視聴者数

　いかに長く見てもらえたかを示す「視聴時間」や「フル視聴率」にも着目しましょう。視聴者がコンテンツに魅力を感じ、長く滞在してくれたと考えられるためです。

○ エンゲージメント以外にもおすすめに影響する指標（図18）

- 平均視聴時間
- フル視聴
- 視聴者の興味・関心（検索ワード、反応した動画の種類など）

　TikTokでは、アプリの立ち上げ時には、おすすめ動画が表示されることが基本仕様になっています。

　他者からの評価、つまりエンゲージメントや視聴維持が高いほどおすすめに表示されやすくなると考えられています。ただし、アルゴリズムは度々変更されるので最新情報をチェックするようにしましょう。

図17 TikTokにおけるエンゲージメント

いいね！

コメント数

シェア

動画の視聴数

プロフィールの
表示回数

ユニーク視聴数

エンゲージメント率

いいね！・コメント数・シェア

$$\frac{\heartsuit 数 \quad + \quad \text{} 数 \quad + \quad シェア数}{視聴回数}$$

CHAPTER

3

図18 エンゲージメント以外のおすすめに影響を与える視聴

平均視聴時間

視聴完了率

視聴者の
興味・関心

※上記以外にも加味される指標があるとされているが、すべて公表されていない

No.

11

［エンゲージメント率の計算方法 ④］

競合のエンゲージメント率
から課題を知る

● 他社のエンゲージメント率の計算方法

　自社のファン数やフォロワー数、エンゲージメント率などのKPI値を決める際は、競合やベンチマークしている企業が参考になります。

　しかし、エンゲージメント率を競合と比較したいと思っても、他社のインサイトおよびアナリティクスは閲覧できません。

　インプレッション数やリーチ数の代わりに、取得可能な範囲の数値で他社のエンゲージメント率を算出する方法があります。

　例として次の計算式が挙げられるので、参考にしてください（図19）。

Facebook：（「いいね！」数＋コメント数＋シェア数）÷ファン数
Twitter：（「いいね」数＋リツイート数）÷フォロワー数
Instagram：（「いいね！」数＋コメント数）÷フォロワー数
YouTube：（高評価数＋コメント数）÷視聴回数
TikTok：（「いいね！」数＋コメント数）÷視聴回数

● 比較検討し、今後の方針を決める

　各社のエンゲージメント率を計算したら、162ページのように**競合他社と自社のファン数、フォロワー数、エンゲージメント率などの項目を比較できる**表をつくります。比較することで、ファン数を伸ばしていくべきなのか、エンゲージメント率を高めていくべきなのかといった今後の方針を決めやすくなるので、ぜひ取り組んでみてください。

図19 競合他社と比較する計算式

Facebook

$$\frac{\text{「いいね!」数} + \text{コメント数} + \text{シェア数}}{\text{ファン数}}$$

Twitter

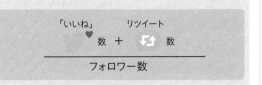

$$\frac{\text{「いいね」数} + \text{リツイート数}}{\text{フォロワー数}}$$

Instagram

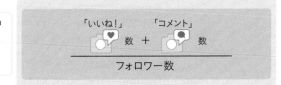

$$\frac{\text{「いいね!」数} + \text{「コメント」数}}{\text{フォロワー数}}$$

YouTube

$$\frac{\text{高評価数} + \text{コメント数}}{\text{視聴回数}}$$

Tik Tok

$$\frac{\text{「いいね!」数} + \text{コメント数}}{\text{視聴回数}}$$

No.
12
［エンゲージメントを上げる鉄則 ①］
画像サイズを見直す

　せっかく投稿した画像が切れたりゆがんだりしていては、注目されないだけでなく、積み上げてきたブランドイメージを壊しかねません。そこで、さらにエンゲージメントを高めるために、まずは**画像サイズを見直してみましょう**。画像サイズは、各SNSやページ上の掲載場所によっても異なります。

　各社の正式発表のあるものからないものまで、SNSごとの推奨サイズをまとめましたので、参考にしてください（2023年6月時点）。

● Facebookページにおける画像の推奨サイズ（図20）

○ プロフィール画像

　最小320×320ピクセル～最大960×960ピクセル内の正方形がおすすめです。広告や投稿では円形にトリミングされるため、円形を想定した画像にしましょう。

○ カバー画像

　PCとスマホでは画面の見え方が違うため、どちらの端末から見ても画像が切れないように配置する必要があります。

　PCのサイズを中心とする場合、推奨アップロードサイズは幅851×高さ315ピクセルです。ただし、スマホの表示ゾーンは幅530×高さ297ピクセル、PCの表示ゾーンは幅851×高さ315ピクセルのため、左右両サイド161ピクセル、上下両サイド9ピクセルにロゴやサービス名を配置しないように注意しましょう。

図20 Facebookページのサイズ目安

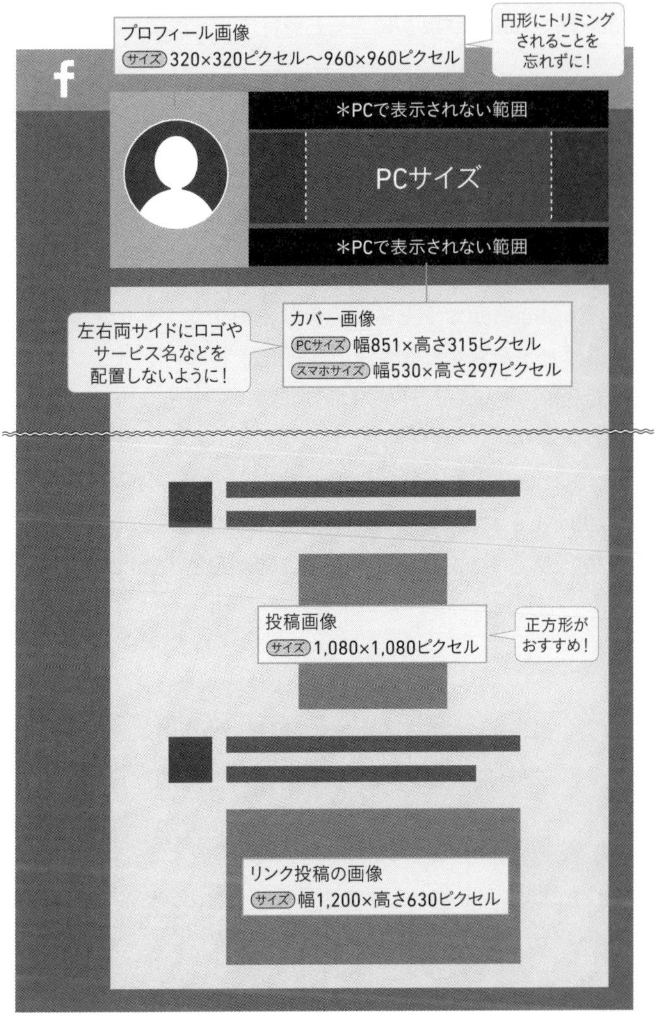

プロフィール画像
サイズ 320×320ピクセル〜960×960ピクセル

円形にトリミングされることを忘れずに！

*PCで表示されない範囲

PCサイズ

*PCで表示されない範囲

左右両サイドにロゴやサービス名などを配置しないように！

カバー画像
PCサイズ 幅851×高さ315ピクセル
スマホサイズ 幅530×高さ297ピクセル

投稿画像
サイズ 1,080×1,080ピクセル

正方形がおすすめ！

リンク投稿の画像
サイズ 幅1,200×高さ630ピクセル

○ 投稿画像

　1,080×1,080 ピクセルの正方形がおすすめです。横長の場合には、幅 1,200×高さ 630 ピクセルにするといいでしょう。

◉ Twitter のプロフィールと投稿画像の推奨サイズ（図21）

○ ヘッダー画像

　幅 1,500×高さ 500 ピクセルがおすすめです。公式発表はありませんが、容量は 2MB 程度で JPG、GIF、PNG のいずれかがよいでしょう。

○ プロフィール画像

　サイズは 400×400 ピクセル、容量は 2MB 未満、形式は JPG、GIF、PNG のいずれかがおすすめです。Facebook と同じく円形にトリミングされるため、クリエイティブは円形にあわせましょう。

○ 投稿画像

　次のいずれかのサイズがおすすめです。

- **幅 1,200×高さ 675 ピクセル**　　• **幅 1,200×高さ 1,200 ピクセル**
- **幅 1,200×高さ 1,350 ピクセル**　• **幅 900×高さ 1,200 ピクセル**

◉ Instagram のプロフィールと投稿画像の推奨サイズ（図22）

○ プロフィール画像およびハイライトアイコン

　320×320 ピクセルがおすすめです。容量については、公式発表はありませんが、解像度を高く保つために、JPG や PNG がよいでしょう。画像は円形にトリミングされます。

○ 投稿画像

　1,080×1,080 ピクセルがおすすめです。また、クリックして拡大される画像は、横長であれば幅 1,080×高さ 566 ピクセル、縦長であれば幅 1,080×高さ 1,350 ピクセルにしましょう。なお、ストーリーズとリールの場合は、幅 1,080×高さ 1,920 ピクセルです。

図21 Twitterページのサイズ目安

円形にトリミングされることを忘れずに！

プロフィール画像
サイズ 400×400ピクセル

ヘッダー画像
サイズ 幅1,500×高さ500ピクセル

投稿画像
サイズ 次のいずれかがおすすめ
- 幅1,200×高さ675ピクセル
- 幅1,200×高さ1,200ピクセル
- 幅1,200×高さ1,350ピクセル
- 幅900×高さ1,200ピクセル

図22 Instagramページのサイズ目安

プロフィール画像・ハイライトアイコン
サイズ 320×320ピクセル

円形にトリミングされることを忘れずに！

投稿画像
サイズ 1,080×1,080ピクセル

クリックして拡大される画像
横長 幅1,080×高さ566ピクセル
縦長 幅1,080×高さ1,350ピクセル

※ストーリーズとリールは幅1,080×高さ1,920ピクセル

No.

13

〔エンゲージメントを上げる鉄則 ②〕

リンクが正しく表示されるか OGPを確認する

せっかくリンクをシェアしても、タイトルや画像が切れていては訴求力が下がってしまいます。**リンクが正しく表示されているかどうかを確認しておきましょう**（図23）。リンクをSNSでシェアした際に、そのページのタイトルやURL、概要、画像（サムネイル）を正しく表示させる仕組みのことをOGP（Open Graph Protocol）といいます。シェアしたリンクがどのように表示されるかを、開発者用ページのシェアデバッガー機能でチェックしておきましょう。

画像が切れていると訴求力が下がると説明しましたが、見た目の問題だけではありません。OGPが正しく設定されていないと、アルゴリズムにより投稿が表示されにくくなってしまうのです。結果的に、リーチやエンゲージメントが下がってしまうことも考えられます。

◉ リンクを正しく表示させるには？

OGPを使って特定のWebサイトのURLをシェアした時の画像を正しく表示させるには、該当ページの画像サイズをOGP用に調整しておく必要があります。サイズを1,200ピクセルから600ピクセルに設定しておくとFacebookやTwitterの両方で画像の上下や左右が切れずに表示されます（2023年6月時点）。

OGPを正しく設定する場合、サイト制作に関する知識がある程度必要です。サイト制作を担当しているパートナー企業の方に依頼することも検討しましょう。

図23 リンクが切れていないか確認する

comnicoさんがリンクをシェアしました。
2秒前

無料でマンガが読めるアプリなんだって。

http://www.comnico.com/

切れている！

アプリを
ンロードする

今ならコミック無料読み放題！

www.comnico.com

キャンペーン中の今なら、登録してくれた方は
1カ月間、マンガが無料読み放題です。

いいね！・コメントする・シェア

シェアデバッガー機能

	サイト名	URL
Facebook の場合	Meta for Developers	https://developers.facebook.com/tools/debug/
Twitter の場合	Card validator	https://cards-dev.twitter.com/validator

切れないように、専用サイトで画面をチェックしよう

CHAPTER

3

No.

14

〔エンゲージメントを上げる鉄則 ③〕

フォロワーのつぶやきには すばやく反応する

　企業の投稿に対してユーザーがコメントをしてくれた場合、それをそのまま放置するのではなく、「いいね！」やコメントなどのアクションを返すようにすると個々のユーザーとの関係性が深まり、結果的にエンゲージメント率が高まる傾向があります。特に、リアルタイム性の高いTwitterでは、コメントになるべく早く反応することで、次にユーザーがリアクションを起こす確率を高められます。コメント数があまりに多く、すべてに返信することが難しい場合でも、質問をしているようなコメントにはできるだけ返信するようにしましょう。

● 人気のアカウントはコメント返信にも積極的

アイスなどで有名なシャトレーゼの公式アカウントは、Twitterでのやりとりの丁寧さが参考になります。

　商品紹介を中心にした情報発信だけでなく、Twitterユーザーの方が投稿した商品の写真も引用リツイートでお礼を投稿することがあります。

　図24は実際の引用RTの例です。商品を購入したお客さまの投稿に対し、引用RTで返信しています。「シャトレーゼへようこそ」というお店での接客のような投稿が、定型文を感じさせず、親近感のある文章になっています。

　このように引用RTを活用して、購入したお客さまへのコミュニケーションと同時に、口コミをさらに拡散することが可能です。

図24 シャトレーゼ【公式】の丁寧な返信

自社の投稿に対する返信は、すばやくするのが鉄則！

出典：シャトレーゼ【公式】（@chateraise_jp）のTwitterアカウント
URL https://twitter.com/chateraise_jp/status/1673614987661836289

No.

15

〔消費者アンケート〕

年に一度のアンケートで、消費者の要求を探り出す

月次資料でKPIについての効果測定を行うとともに、最低でも年に一度は消費者アンケートを実施してKGIの達成度も調査しましょう。

◎ 消費者アンケートの流れ

アンケートの質問項目は、設定したKGIに沿うデータが得られる内容を準備します。

アンケート調査を行う際は、まずターゲットをフォロワーとそれ以外に分け、SNS上の広告を使ってアンケートの告知をします。そしてアンケートを実施し、結果を資料にまとめるのが一連の流れです。

アンケートを実施する際は、Webアンケート作成ツールのSurvey Monkey（サーベイモンキー）やQuestant（クエスタント）などを活用すると、簡単に作成できます。

例えば、図25のようにSNSが顧客の気持ちの変化や商品の購入に貢献しているかを検証する質問を入れると、KGIの達成度合いを調査することができます。おすすめの質問は、次のとおりです。

- 今後1年間で、当社の商品を、何回くらい購入すると思いますか？
- 直近1年間で、商品に関するポジティブな話題を、SNS上で行った回数はどのくらいでしたか？（SNS以外の対面・個別の口コミも聞けるとなおよい）
- 商品の購入を検討した（する）際、影響を受けた（る）情報源は何ですか？

アンケートは、集計にも時間がかかるので、半年や1年おきに定期的に実施するのがよいでしょう。

図25 消費者アンケートを行う流れ

告知 アンケート実施

ファン（フォロワー）に対し、広告やギフト券などのインセンティブを通じてアンケート告知

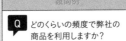

設問例

Q どのくらいの頻度で弊社の商品を利用しますか？

Q SNSを通じてブランドへの印象はどう変化しましたか？

Q 公式アカウントでどのような情報を受け取りたいですか？

レポートをエクセルなどにまとめる

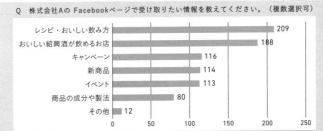

Q 株式会社Aの Facebookページで受け取りたい情報を教えてください。（複数選択可）

レシピ・おいしい飲み方	209
おいしい紹興酒が飲めるお店	188
キャンペーン	116
新商品	114
イベント	113
商品の成分や製法	80
その他	12

0   50   100   150   200   250

「レシピやおいしい飲み方」、「おいしい紹興酒が飲めるお店」といった紹興酒の楽しみ方への期待が48％を占めた。シズル投稿では、意外な料理と組み合わせるなど、ユーザーへの驚き・発見といった投稿もしていきたい

※KGI調査の場合、SNSアカウントのファン（フォロワー）とそれ以外にアンケート調査を行いSNSの効果を検証することもある

消費者アンケートは、KGIの達成度を測るために、半年または年1回行うのがベスト！

COLUMN　フォロワーが増えると
エンゲージメント率が下がる!?

　一般的に、フォロワーが増えればエンゲージメント率は低下
するといわれています。

　なぜなら、公式アカウントを開設してすぐにフォロワーにな
るユーザーには、企業やブランドに対して好感度の高いファン
が多く、投稿に対して「いいね!」やコメントなどの反応を高い
確率で返してくれる傾向があるからです。

　しかし、フォロワーが増えるにつれて、さほどブランド好感度
の高くないユーザーのフォローも増えるので、結果的にエン
ゲージメント率の低下につながると考えられます。新しいユー
ザーがブランド好感度の高いユーザーと同じように反応を返し
てくれるとは限らないため、その結果として増加したフォロ
ワー数に対して「いいね!」数やコメント数はそれほど上がら
ず、エンゲージメント率が下がってしまうのです（図26）。

　ただし、すべてのアカウントやページのエンゲージメント率
が下がるとは限りません。ファンにとって面白いコンテンツやた
めになるコンテンツなどを発信することでエンゲージメント率を高
めていくことができます。ひいてはそれがブランド好感度の向上
にもつながります。

　むしろ一時的にエンゲージメント率が下がってしまったとし
ても、広く集めたフォロワーを育ててエンゲージメント率を高
めていくことも、SNSマーケティング担当者のやりがいの1つ
だといえます。

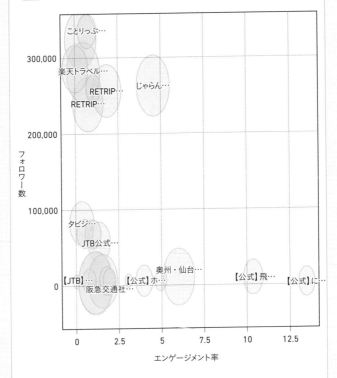

図26 フォロワー数が多いほど、エンゲージメント率は低下する傾向

（グラフ縦軸：フォロワー数、横軸：エンゲージメント率）

- ことりっぷ…
- 楽天トラベル…
- RETRIP…
- RETRIP…
- じゃらん…
- タビジ…
- JTB公式…
- 奥州・仙台…
- 【JTB】…
- 【公式】ホ…
- 阪急交通社…
- 【公式】飛…
- 【公式】に…

・集計期間：2023年3月1日～5月31日
・対象SNS：Instagramアカウント
・対象企業：旅行・観光業界（約100件のページを分析）

※エンゲージメント率＝（「いいね！」数＋コメント数）÷フォロワー数
※円のサイズは大きいほど、フォロワー数が多いことを表す

**縦軸のフォロワー数が多いほど、横軸のエンゲージメント率は
低い傾向にあることがわかる**

COLUMN　競合他社と比較する場合の
表サンプル

　競合アカウントのクリック数や、一部のインプレッションは
閲覧できません。そのため、「いいね！」数やフォロワー数など
をもとに比較することをおすすめします。以下は、サンプルです。

図27　飲料メーカーにおけるTwitterの公式アカウントの
フォロワー数とエンゲージメント率

No.	アカウント名	フォロワー数	リツイート数 (1投稿あたり)	「いいね」数 (1投稿あたり)	エンゲージ メント数 (1投稿あたり)	エンゲージ メント率 (%)	投稿数
1	LUPICIA ルピシア	96,415	783	1,681.00	2,464.00	2.57	15
2	ビタミン炭酸MATCH	84,709	401	1,738.00	2,139.00	2.46	1
3	【公式】EMIAL (安曇野食品工房株式会社)	58,074	382	518.8	900.8	1.54	4
4	伊藤久右衛門	43,212	73.7	322.9	396.6	0.92	7
5	ヤクルトマン【公式】	60,716	16.8	139.5	156.3	0.26	6
6	ヘルシア公式アカウント	68,879	15.5	70.4	85.9	0.12	8
7	デカビタC公式	86,252	22	52.4	74.4	0.09	5
8	アミノバイタル【公式】	65,920	8.4	57	65.4	0.1	20
9	【リポD】宇宙応援部	14,624	10	37	47	0.32	3
10	ヘパリーゼW(清涼飲料水)	97,663	20.9	14.7	35.6	0.04	7
	平均値						

集計期間：2023年3月1日〜31日の1カ月間
業界：飲料メーカー
対象SNS：Twitterでフォロワーが1万〜10万のアカウントのうち、上位のアカウント
計算式
エンゲージメント数＝(「いいね」数＋リツイート数)
エンゲージメント率＝(「いいね」数＋リツイート数)÷フォロワー数
※表のリツイート数、「いいね」数、エンゲージメント数、エンゲージメント率は、1投稿あたりの平均値

自社の業界の平均値を算出して、参考にしよう

LINE公式アカウントやYouTubeの主要な画像サイズ

　LINE公式アカウントやYouTubeの主要な画像サイズについても触れておきます。ただし、各社変更することもあるので、公式のヘルプページなどを随時チェックしておきましょう。

● LINE公式アカウントの画像サイズ

プロフィール画像

- 推奨画像サイズは640×640ピクセル
- 画像データを設定すると自動的に円形に表示
- ファイル形式はJPG、JPEG、PNG
- 画像の中心から円形に表示され、正方形の画像のほうがキレイに表示される（ファイルサイズは3MB以下）
- プロフィール画像の変更は1時間に一度まで

背景画像

- プロフィール画像の背景に表示されている横長の画像
- プロフィールを開いた際に表示される画像、店舗の外観・内観、一押しメニューや商品などを設定しているアカウントもあり
- 横長表示のため推奨画像サイズは1,080×878ピクセル
- ファイル形式はJPG、JPEG、PNG
- ファイルサイズは3MB以下

● YouTubeの動画サイズ

- すべてのデバイスに対応しているサイズ：16：9を推奨
- テキストやロゴの最小安全領域：1,546×423ピクセル（この範囲外にある画像は、カットされて表示されることがある）
- ファイル形式はJPG、GIF、PNG
- ファイルサイズは6MB以下

COLUMN　インフルエンサーと公式アカウントは
どちらを参考にする?

インフルエンサーの発信とブランド公式サイト・アカウント
では、どちらが購入に貢献するのでしょうか?

Glossom社・電通マクロミル社によると、次のような結果と
なっています(図28)。

- **インフルエンサーを参考にする商材は、化粧品、衣服・ファッション、美容、日用品などが高い傾向**
- **ブランド公式サイト・アカウントは、自動車・生活／デジタル家電が上位**

このように見ていくと、気軽に試せる製品、Tipsや使用レビューなどが購入時の参考になる製品はインフルエンサーの影響が強く出やすく、機能や仕様(あるいは関与度が比較的高い)を重視する製品は、ブランドサイトや企業の公式アカウントが購入時の参考になりやすいことがわかります。

企業アカウントとインフルエンサー、それぞれ得意領域があり、どちらも万能ではありません。このことは、口コミやUGC、ソーシャルリスニングなど様々な施策にもいえることではないでしょうか。

改めて自社にとって最適な施策を考える際のヒントになりそうです。

図28　インフルエンサーとブランドのすみ分け

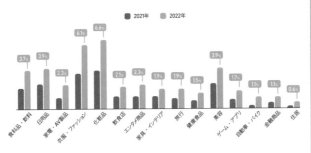

商品・サービスを購入する際に、インフルエンサーを参考にする商材

■ 2021年　■ 2022年

食料品・飲料 3.7%　日用品 3.9%　家電・AV製品 2.3%　衣服・ファッション 6.1%　化粧品 6.6%　飲食店 2.1%　エンタメ商品 2.3%　家具・インテリア 1.9%　旅行 1.9%　健康食品 1.5%　美容 3.9%　ゲーム・アプリ 1.7%　自動車・バイク 1.1%　金融商品 1.1%　住居 0.6%

出典：Glossom株式会社「ソーシャルコマースに関する定点調査2022」
URL https://glossom.co.jp/news/20221219.html

「ブランド公式サイト・アカウント」をかなり参考にするもの

順　位	商品ジャンル	購入寄与率
第1位	自動車	36%
第2位	生活家電	34%
第3位	デジタル家電	32%
第4位	情報デバイス	31%
第5位	ホテル・旅館	29%

※TOP2回答の合計

出典：『電通報』「インフルエンサーの推奨が効果を持つ商品ジャンルとは？」
　　　（2018/09/13天野 彬）をもとに作成
URL https://dentsu-ho.com/articles/6244

COLUMN　Always On とは？

　「はじめに」で企業のSNSは「Always On（常にONの状態でいること）」が大切だと述べました。Always On とは、公式アカウントの運用やアクティブ・サポートなどを通じて、ファンやフォロワーとの継続的／持続的な関係づくりを目指していく考え方です。公式アカウントでの情報発信は、コアなファンが集まりやすい反面、ある程度アカウントの成長に時間がかかります。

　並行して考えたいのが、瞬発型（ブースト型／フロー型）のコミュニケーションです。話題性のある企画を実施することで注目を得る方法です。例えば、PayPayなどのポイント還元祭に代表されるような話題性のある企画、新商品発売リリース・発表会などニュース性の高いコンテンツとこれらに伴うUGCは短期的な拡散を期待できます。話題づくりができる反面、その後の話題性の維持や、固定ファンの定着に力を入れる必要があります。両者それぞれのメリットがあるため、補完しあって関係づくりを強化していきたいところです。

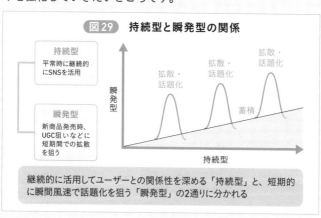

図29　持続型と瞬発型の関係

継続的に活用してユーザーとの関係性を深める「持続型」と、短期的に瞬間風速で話題化を狙う「瞬発型」の2通りに分かれる

CHAPTER

4

ファンとつながる
コミュニケーション

No.

01

〔自社に関連する投稿への対応〕

お客さまに寄り添い
アクティブにサポートしよう

SNSにはコンテンツ発信以外にも、企業やブランドのファンを増やしたり、ユーザーと親交を深めたりする方法がまだまだあります。KGIを達成するために、コンテンツ発信とあわせて本章で紹介するコミュニケーション方法を検討していきましょう。

◎ 積極的にユーザーと交流を図る

ユーザーが自社に関連する投稿をしている場合は、積極的に交流を図りましょう。自社に関連する投稿は、各SNSの検索機能に自社名や商品名を入力して調べます。**自社に好意的な内容だけではなく、不満やちょっとした困りごとに対しても積極的にサポートしていく**ことでマイナスイメージが払拭でき、結果的に好感度の向上につなげていくことができます。

例えば、日本マイクロソフトは、Twitterにカスタマーサポート用の公式アカウントを開設し、公式アカウント宛てに寄せられた質問はもちろん、Twitter上に投稿された自社製品に関する疑問や不具合に対してもサポートを行っています。

図1では、セットアップに困っているユーザーの投稿に、「突然失礼いたします」とコメントして問題点を聞き出し、それについての対処法をアドバイスしています。図2では、関数の使い分けに関する質問に答えることで、ユーザーからお礼のコメントがありました。

SNSでは、一対多数のコンテンツ発信だけではなく1人ひとりに対するコミュニケーションもしっかりできるという利点を存分に生かし、ユーザーとの絆を深めていきましょう。

図1 ユーザーの困りごとに対しての日本マイクロソフトのツイート

新しいPCのセットアップしんどい…。Outlookの設定がわからん…。

午後5:27・2023年6月12日・**142** 件の表示

マイクロソフトサポート @MSHelpsJP・6月13日
突然失礼します、マイクロソフトサポートです。
Outlook の設定方法でお悩みでしょうか。
お力になれればと思うので、もしサポートが必要な場合は気軽にご質問頂ければと思います。 ^NTY

○ 1   ↑↓   ♡   ᐧᐧᐧ 71   ⬆

@　　　　　・6月13日
ご丁寧にありがとうございます。こちらサポートの手を借りて解決しました。（サーバ側の問題でした）
ありがとうございます。

○ 1   ↑↓   ♡   ᐧᐧᐧ 28   ⬆

マイクロソフトサポート @MSHelpsJP・6月13日
こちらこそご丁寧にありがとうございます。

無事解決したのですね、よかったです。
弊社では、Twitter 上でもサポートを行っておりますので、今後何かお困りのことなどあれば、気軽にご相談頂ければと思います。 ^NTY

○   ↑↓   ♡   ᐧᐧᐧ 25   ⬆

> ユーザーの困りごとに対して、ヒアリングしている

Point
● ユーザーの疑問に対し積極的に話しかけている
●「Outlook」など、製品に関するキーワードで検索
●「突然失礼いたします」など丁寧なコミュニケーション

出典：マイクロソフトサポート（@MSHelpsJP）のTwitterアカウント
URL https://twitter.com/MSHelpsJP

図2 ユーザーの好意的なツイートへの
日本マイクロソフトのリアクション

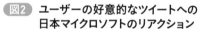

vlookupとの使い分けのポイントはありますか？

午後4:59・2023年6月12日・**59** 件の表示

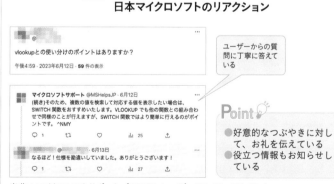

マイクロソフトサポート @MSHelpsJP・6月12日
(続き)そのため、複数の値を検索して対応する値を表示したい場合は、SWITCH 関数をおすすめいたします。VLOOKUP でも他の関数との組み合わせで同様のことが行えますが、SWITCH 関数では簡単に行えるのがポイントです。 ^NMY

○ 1   ↑↓   ♡   ᐧᐧᐧ 25   ⬆

@　　　　　・6月13日
なるほど！仕様を勘違いしていました。ありがとうございます！

○ 1   ↑↓   ♡   ᐧᐧᐧ 27   ⬆

> ユーザーからの質問に丁寧に答えている

Point
● 好意的なつぶやきに対して、お礼を伝えている
● 役立つ情報もお知らせしている

出典：マイクロソフトサポート（@MSHelpsJP）のTwitterアカウント
URL https://twitter.com/MSHelpsJP

No.

02

［キャンペーン ①］

キャンペーンを活用して、ファンやフォロワーに喜んでもらおう

　企業や商品・サービスの認知度を上げたい、自社アカウントのフォロワーを増やしたい、ファンに喜んでもらいたいなどと思った時は、**SNSと連動したキャンペーンの実施も検討してみましょう。**

　Twitterでは、公式アカウントの特定の投稿をリツイートすることや、キャンペーンのハッシュタグをつけて投稿を行うことを応募条件にしたキャンペーンがよく開催されています。図3の森永乳業ピノの事例では、フォロー＆リツイートをすることで、返信動画ですぐに当選結果がわかるので、フォロワーも気軽に応募しやすい企画といえるでしょう。

　一方、Facebookでは投稿のシェアをキャンペーンの応募条件にすることは、2023年6月時点でFacebookのプラットフォームポリシー（利用規約の1つ）で禁止されています。違反しない方法には投稿へのコメントを条件にすることがあります。例えば、図4のカロリーメイトは、応募条件としてコメント欄に「この夏満喫したこと」を記載してもらうキャンペーンを行いました。ファンが参加しやすく、好意的なコメントが多く寄せられました。

　また、Instagramでキャンペーンを行う場合は、特定のハッシュタグをつけて写真を投稿してもらうことを応募条件にするのが簡単な方法です。フォロワーを集めたい場合は、Twitterのフォロー＆リツイートキャンペーンと同様に、公式アカウントをフォローしてもらうことを応募条件に加えてみるのも手です。

図3 森永乳業ピノのTwitterキャンペーン

フォロー＆リツイートを応募条件にしたキャンペーン

Point

● フォロー＆リツイートという気軽に参加しやすい応募条件
● プレゼント内容や期間が明確でわかりやすい
● すぐに当選結果がわかる「インスタントウィン」という方法も有効

pino（ピノ）／森永乳業（@morinaga_pino）のTwitterページ
URL https://twitter.com/morinaga_pino/status/1245184110341042176

図4 カロリーメイトのFacebookキャンペーン

②この投稿のコメント欄に「この夏満喫したこと」を投稿してください。

Facebookでは投稿のシェアを応募条件にできない。そのため、投稿へのコメントを条件にしている

Point

● ページへの「いいね！」を応募条件とするキャンペーンはNG
● コメントしてもらうことを応募条件にするのはOK

出典：カロリーメイトのFacebookページ
URL https://www.facebook.com/cmt.official/photos/a.340665642660891/1935292983198141

No.

03

［キャンペーン ②］

みんなが欲しいものよりも、ファンが喜ぶプレゼントを

　ガイドラインの他にも、注意しておきたいポイントが2つあります。1つ目はキャンペーン企画前に、まずその**キャンペーンで獲得したいファンの数やエンゲージメント率などの目標を立てておく**ことです。目標を設定すると、実施後に効果測定ができます。また、かけた費用に対してどのような結果が得られたのかも把握できるからです。

　もう1つ、キャンペーンの企画内容を考える時に注意したいのが、**参加してくれる人にとって魅力的なプレゼントを企画する**点です。図5の日本マクドナルドのTwitterキャンペーンでは、マックカードを賞品としたキャンペーンを実施し、リツイートの結果から、少なくとも4万6,000人以上が参加していることがわかります。

　マックカードはマクドナルドの既存のファンにとっても新規ファンにとっても、うれしい賞品であるといえます。また、クーポンを獲得した人は店舗に足を運んでくれる可能性があるので売上も期待できます。フォロワーを集めるだけでなく、商品・サービスにまで着地している好例です。

　ギフト券は一般的に懸賞目的のほうが集まるといわれていますが、キャンペーンをきっかけに商品認知やファンになってくれる可能性もあります。過去にコムニコが実施したアンケート調査では、参加者のうち、「製品・サービスを利用した・または利用したくなった」と回答した人が33%、「好きになった」と答えた人も32%という結果が出ています（回答者：約7,300名、調査時期：2020年4月）。

図5 日本マクドナルドのTwitterキャンペーン＋広告の効果

4万6,000人以上が参加と高い効果

4.6万 件のリツイート

Point

● 企業や商品のファンにとって魅力的な賞品を用意する
● 現金などの賞品は懸賞目的の方が集まる可能性あり
● キャンペーン自体をTwitterで広告配信することも効果的

出典：日本マクドナルド（@McDonaldsJapan）のTwitterアカウント
URL https://twitter.com/McDonaldsJapan

No.

04

［キャンペーン ③］

キャンペーン実施後に
気をつけておきたいこと

　キャンペーンを実施した後も、多くのフォロワーを集めたからといって安心はできません。その後もフォロワーに喜んでもらえるコンテンツを企画したり、フォロワーやユーザーのコメントに対する返信をしたりして、**コミュニケーションを図り続けることが重要**です。

● キャンペーン後が大事

　図6は、キャンペーンを実施してフォロワーを集めた後、日頃のコミュニケーションを行わなかったある企業のTwitterアカウントのフォロワー数の推移を集計したものです。

　グラフからは、キャンペーン実施時にフォロワーが増えたものの、その後はゆるやかに減少していく様子がわかります。

　キャンペーンはファンやフォロワーに喜んでもらうことや、ファン数やフォロワー数を増やすための手段の1つに過ぎません。

　CHAPTER 1で触れているように、SNSを活用して、皆さんがどのような目標を達成したいのか、本来のKGIやKPIを振り返りながら、キャンペーンの実施そのものが目標にならないよう改めて注意しましょう。

　キャンペーンをきっかけにファンやフォロワーになってくれた方に対して継続的にコミュニケーションをとり、ファンと良好な関係を築いていくことが大切です。例えば、キリンビバレッジはキャンペーンを実施した後も、図7のように、「答えは画像をタップ」などのアクションを促しています。本来の目的を忘れないようにしましょう。

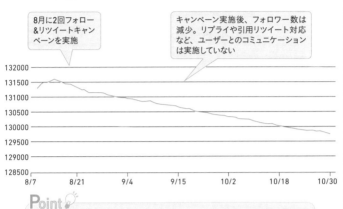

図6 キャンペーンを行った後に起こりやすいこと

> 8月に2回フォロー＆リツイートキャンペーンを実施

> キャンペーン実施後、フォロワー数は減少。リプライや引用リツイート対応など、ユーザーとのコミュニケーションは実施していない

（縦軸）
132000
131500
131000
130500
130000
129500
129000
128500

（横軸）
8/7　8/21　9/4　9/15　10/2　10/18　10/30

Point
● キャンペーンは、アカウントをフォローしてもらうきっかけの1つ
● フォロワーに対し、継続的なコミュニケーションをとる

図7 キリンビバレッジのリツイートと「いいね」を集めるツイート

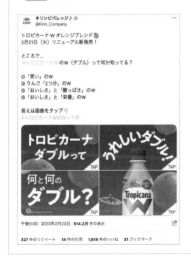

Point
● キャンペーン後もコミュニケーションを継続している
● 画像へのタップを促す投稿でファンと交流を図っている

出典：キリンビバレッジ（@Kirin_Company）のTwitterページ
URL https://twitter.com/Kirin_Company/status/1628590473660215299

No.

05

〔ガイドライン〕

SNSが定める
ガイドラインに注意しよう

　各SNSでは、キャンペーンの実施についてガイドラインを設けているので、キャンペーンを行う際は最新のガイドラインを読み、禁止事項を確認するようにしましょう。

　4.2でお伝えしたとおり、Facebookでは「ファンになってもらうこと（Facebookページに「いいね！」を押してもらうこと）」を応募条件にしたプレゼントキャンペーンは、ガイドラインに違反します。

　実際にガイドラインを破ると、**Facebookページにアクセスできなくなる、管理者の個人アカウントにログインできなくなる**などといったペナルティが科されます。ページやアカウントが停止されている間は、投稿ができなくなります。つまり、ガイドラインを破ることは、ファンとのコミュニケーションがとれなくなったり、予定していたプレゼントキャンペーンが実施できなくなったりなどのリスクにつながります。

　とはいえ、すべてのガイドラインを把握することは容易ではありません。また、不定期でアップデートされることがあるので、すべて記憶していたとしても無駄になってしまうこともあるでしょう。

　そのため、キャンペーンを企画することやパートナー企業からキャンペーンの提案を受けることになってから、その企画内容がガイドラインに違反していないか、最新のガイドラインと照らし合わせてチェックするようにしましょう。

　図8に代表的なガイドラインをまとめましたので、新しくキャンペーンを企画する際は、ぜひチェックしてください。

図8　各SNSの主なキャンペーンガイドライン

Facebookで禁止されているプロモーション

- Facebookページに「いいね！」してもらうことを応募条件とするキャンペーン
- 個人やその友人のタイムラインに投稿、シェアすることを条件とすること
- Facebookが後援、支持、運営しているように見せること

Facebookで許可されているプロモーション

- 自社が運営するFacebookページにチェックインした時にプレゼントすること
- ゲームアプリなどで、利用者の投稿を介して、ある友人がアプリをダウンロードした際に、友達全員に特典をプレゼントすること

Twitterで禁止されているプロモーション

- 新規のアカウントをつくらせることを条件にすること
- 繰り返し同じツイートを促すこと

Twitterで許可されているプロモーション

- 主催者の「@ユーザー名」を含めてツイートしてもらうこと
- 特定のハッシュタグをツイートに含めてもらうこと

Instagramで禁止されているプロモーション

- コンテンツと異なるタグをつけることやそれを促すこと
- Instagramが後援、支持、または運営しているように見せること
- 現金・金券を景品とすること
- 「いいね！」「フォロー」「コメント」を条件にすること

YouTubeのキャンペーンの主なガイドライン

- YouTube のコミュニティ ガイドラインへのリンクを記載した上で、これらを遵守していない参加は認められないことが明記されていること
- YouTube がコンテストのスポンサーではないことを明記すること

YouTubeで禁止されているプロモーション

動画を有料で販売すること（広告収益やメンバーシップ機能は除く）

LINEのキャンペーンの主なガイドライン

LINEがプレゼントの提供主体であるように、ユーザーに誤解を生じさせないようにすること

LINEで禁止されているプロモーション

アフィリエイト目的での運用

4

No.
06

［アンバサダー ①］

既存のファンにブランドの
PR大使になってもらおう

　ブランドのファンを増やす手法の1つとして、**既存のファンに「ア
ンバサダー」になってもらい、SNSなどを使った口コミでブランドのよ
さを広めてもらう**方法があります。

◉ アンバサダーとは?

　アンバサダーは本来「大使」という意味ですが、マーケティングの
世界では自社の商品・サービスを愛用しており、かつ、その商品・
サービスのよさを積極的に家族や友人に伝えてくれる人のことを指
します。欧米ではブランドアドボケイトというのが一般的です。

　実際に商品・サービスを使っている身近な人からの口コミは、時に
企業による情報発信と同じくらい重要視されます。例えば、消費者庁
が公表した『平成28年度 消費生活に関する意識調査』を見ると、SNS
上の口コミが消費行動に与える影響がわかります（図9）。

　「SNSで情報を見たことがきっかけで商品購入・サービス利用をし
た」経験に関する質問では、「友達がアップやシェアをした情報」を
見て購入した経験を持つ割合が、15〜29歳の年代では約30%を占
め、特に10代後半の女性は約37%と他の年代よりも高い割合です。

　ちなみに、「インフルエンサー」は芸能人・有名人など、知名度や
影響力の高い人を指すことが多いですが「アンバサダー」は、特定の
商品やブランドについて自発的に言及するファン度を重視します。

　近年では、このように口コミを積極的に発信してくれるアンバサ
ダーを募集する企画や、継続的に育成するためのプログラムが登場
しています。

図9 SNSで見た情報がきっかけで商品の購入または サービスの利用をした経験

凡例: —— 男性　━━ 女性　······ 全体

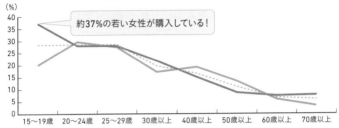

友達がアップやシェアをした情報

約37%の若い女性が購入している！

芸能人や有名人がアップやシェアをした情報

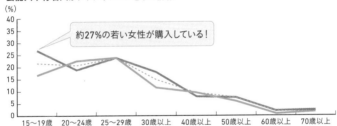

約27%の若い女性が購入している！

お店やメーカーの公式アカウントがアップやシェアをした情報

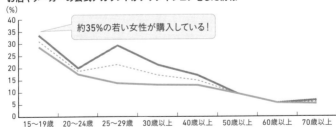

約35%の若い女性が購入している！

出典：消費者庁『平成28年度 消費生活に関する意識調査』をもとに作成
　　　「あなたは、SNSで次のような情報を見たことがきっかけで商品の購入又はサービスの利用をしたことがありますか」との問いに対する回答（複数回答）
URL https://www.caa.go.jp/policies/policy/consumer_research/white_paper/2017/white_paper_133.html#m09

CHAPTER

4

No.

07

〔アンバサダー ②〕

アンバサダーを育てよう

　アンバサダーを育成するためには、**まずアンバサダーになる可能性のあるファンを発掘する**ことから始めましょう。

● SNSで発信してもらうには？

　発掘の仕方は様々ですが、例えば、自社サイトやSNS上でアンバサダーになりたい人を募集したり、アンケート調査で「家族や友人にすすめたい」と回答した人に呼びかけたりして集めることができます。

　アンバサダーを集めたら、次に商品について理解を深めるアンバサダー限定イベントの開催や、アンバサダー同士の交流コミュニティの開設などを行い、**商品・サービスに対する愛着度をさらに高めていきます。**それと同時に、アンバサダーにはイベントの様子や新商品情報などを個人のSNSなどから発信してもらうようにするのが一般的な流れです（図10）。

　化粧品を販売しているある企業は、SNSのコミュニティを通じて定期的にアンバサダーを募集し、広報活動につなげています。アンバサダーには、定期的に開催される体験イベントや新商品発表会などに参加できる代わりに、商品を使っている様子を写真つきでSNSに投稿したり、企業が実施するアンケートに回答したりするといった活動を行ってもらいます。

　アンバサダーが離れていかないよう、継続的にイベントを開催するなどして働きかけることが大切です。企業はアンバサダーのブランド愛着度を積極的に高め、SNSなどの場でポジティブな口コミが自然に流れるような状態を目指しましょう。

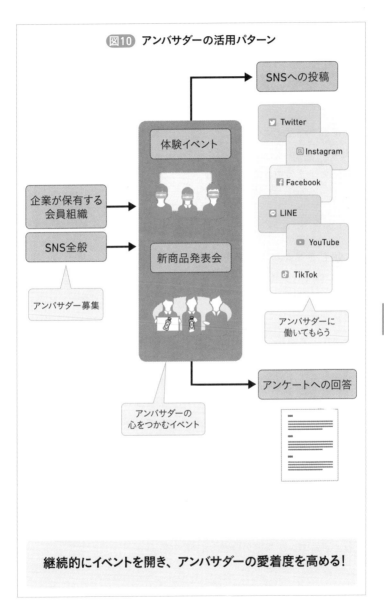

図10 アンバサダーの活用パターン

SNSへの投稿

体験イベント

Twitter

Instagram

Facebook

LINE

YouTube

TikTok

企業が保有する会員組織

SNS全般

新商品発表会

アンバサダー募集

アンバサダーに働いてもらう

アンケートへの回答

アンバサダーの心をつかむイベント

継続的にイベントを開き、アンバサダーの愛着度を高める!

CHAPTER

4

No.

08

［LINE Messaging API］

Messaging APIを
活用する

LINE公式アカウントのオプション機能である**Messaging API**は、LINEユーザーに対して、一対一やグループトークなど多様なメッセージタイプの中から効果的なコミュニケーションをとれる点が特徴です。

● 自社のサービスメニューをつくろう

LINEと企業が持っているシステムを連携させてLINE Messaging API内に様々なメニューを用意することで、ユーザーの行動を後押しできます。

例として、ヤマト運輸は、この技術を用いて再配達依頼や配送状況の確認ができる窓口として活用しています。LINE上のヤマト運輸のトーク画面を開き、クロネコIDと連携することで荷物の配達連絡などを受け取れます（図11）。その他にも質問に従って荷物の送り状番号を入力すると、ヤマト運輸の自社システムから呼び出された配送状況が通知され、ユーザーはLINE上の会話だけで確認ができます。

ヤマト運輸のトークはAIを活用した自動応答となっていますが、その他の企業では、個別相談などに対してオペレーターが手動でレスポンスしている場合もあります。

自社のサービスにあわせて様々なメニューを設置できるところが最大の魅力です。ただし、少なくとも開発に関する知識やドキュメントを理解できるエンジニアの存在が必要です。

図11 ヤマト運輸のMessaging APIの活用例

ID/PWまたはLINEログイン登録

ヤマト運輸公式アカウント
のメニューから連携

クロネコ メンバーズ

LINEとクロネコ メンバーズの連携

お荷物のお届け予定やご不在連絡の通知・送り状の作成には、クロネコIDとの連携が必要です。
・連携にはクロネコIDとパスワードが必要です。
・eお知らせ設定がされていない場合は、お届け予定等の通知のご利用のため、eお知らせ登録の同意に行われます。会員さまご本人であることを確認させていただくため、「eお知らせ設定登録完了のご案内」をポスト投函にてお送りしますので、お受け取りください。投函翌日より通知を受け取っていただけます。

クロネコメンバーズサービスの利用には クロネコメンバーズ規約 及びこれに付随する個別規約が適用されます。

**上記に同意の上、
クロネコメンバーズへ連携する**

■クロネコメンバーズ未登録の方はこちら

LINE クロネコメンバーズに登録

お使いのLINEのプロフィール情報で会員登録を行うこともできます。
※会員登録完了と同時に、LINEアカウントとクロネコIDの連携が行われます。

連携後、LINEのメッセージでお届け
情報や受け取り日時の変更ができる

お荷物お届けのお知らせ

本門功一郎 様からのお荷物をお届け予定です。

発送　　　　　　　　　お届け予定

　　　　　　　　　6/9(金)
　　　　　　　　　時間帯希望なし

受け取り日時や場所を指定

配送状況を確認

■サービス名：宅急便
■品名：Yogibo商品
■送り状番号：2816-7898-6503

Point

● 電話の代わりに、再配達依頼や着荷
情報がLINE上でチェックできる

● AIを活用した全自動応答を実現して
いる

参考：LINE For Businessの情報をもとに作成
URL https://www.linebiz.com/jp/column/service-information/20190426/

No.
09

〔LINEチャット〕
LINEチャットボットを
用いたお客さまサポート

　チャットボットは、人工知能（AI）を用いてチャットを行えるように
した自動会話プログラムを指します。レストランの予約や宅配便
の再配達依頼などでAIを用いた自然な会話が実現でき、こちらも同
じくMessaging APIを用います。

● チャットボットを利用するメリット

　ライフネット生命ではインターネットで完結する保険サービスを
提供しており、Webサイトのほか、LINEトークを活用して保険の各
種サービスや質問など保険相談が簡潔にできるようになっています
（図12）。LINEを通じて24時間質問への対応ができ、お客さまの安心
感・信頼感が得られます。ボットによる回答が難しい場合には、営業
時間内ならオペレーターによる対応に切り替えれば、業務効率化に
大きく貢献できます。また契約者用のIDと連携することで契約者
ページにもLINE経由でアクセス可能です。

● チャットボットをつくるのも手軽になってきた

　チャットボットの導入も手軽になってきました。**よくある質問の取
りまとめやシナリオ設計、公開後のメンテナンスが重要**になりますが、
そのような運用支援を行うサービスが存在しています。Q&Aなどを
エクセルなどのシートにまとめインポートするなど、手軽な方法も
存在します。「LINEボット制作」などのキーワードで検索し、自社に
あったサービスをチェックしてみてください。

図12 ライフネット生命のLINEチャット

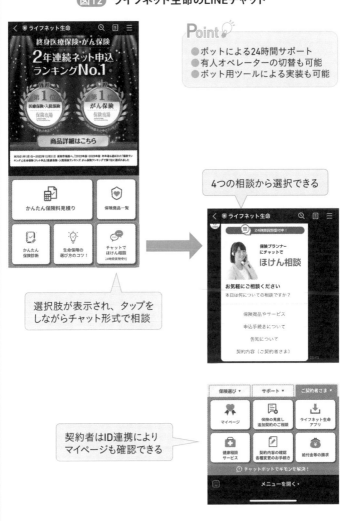

Point
- ボットによる24時間サポート
- 有人オペレーターの切替も可能
- ボット用ツールによる実装も可能

4つの相談から選択できる

選択肢が表示され、タップを
しながらチャット形式で相談

契約者はID連携により
マイページも確認できる

CHAPTER 4

出典：ライフネット生命公式アカウントやWebサイトをもとに作成
URL https://www.lifenet-seimei.co.jp/ad/line/

185

COLUMN

広告を配信する前に
チェックリストをつくろう

　広告配信は、細かい設定が多く手間もかかります。図13は、Facebook広告を配信する際に気をつけておきたいポイントを簡単にまとめたものです。配信前に抜けや漏れがないか、確認する際にぜひ活用してください。

図13　配信前チェックリスト

No.	カテゴリー	内　容	チェック欄
1	キャンペーン	広告を配信するFacebookページの管理権限はあるか？	
2		キャンペーンの目的が施策の目的とあっているか？	
3	広告セット	配信場所は決まっているか？	
4		配信スケジュール（期間・時間帯）は決まっているか？	
5		配信ターゲット（エリア、性別、年齢など）は決まっているか？	
6	広告	専用チェックツールにて画像の承認チェックをしたか？	
7		画像がFacebookの規約に違反（性的な表現など）していないか？	
8		テキストやバナーに誤りはないか？	
9		テキストの文字数は適正か？	
10		バナーは適正サイズか？	
11		URLを入れる場合、リンク先は正しく設定されているか？（あるいはリンク先は公開されているか？）	
12		見出しやアクションボタンも設定しているか？	
13		A/Bテストを行えるよう設定しているか？	

※キャンペーン：Facebook広告の目的を「キャンペーン」と呼ぶ。1つのキャンペーンにつき目的は1つだけ設定でき、目的にあわせて複数の広告セットを作成できる

※広告セット：広告セットとは、予算やターゲット、配信スケジュールなど、配信ルールを設定することを指す

※広告：広告は、ターゲットにあわせたクリエイティブ（バナーやテキスト）を数パターン作成できる

CHAPTER

5

注目を集めるSNS広告

No.
01

［SNSの得意な領域を理解する］

ファンづくりに強みがある

　これまで見てきたように、SNSは開設して終わりではなく、継続的な運用が重要です。また、SNSでの口コミは、実際に購入や体験あるいは欲しい・見たいなどの顕在化したニーズがあってこそ発生しうるもので、成果が出るには一定の時間がかかるのも事実です。

　これらを踏まえて、他のメディアと比較してみると、図1のように将来の顧客とつながったり、ファンになってもらったりするなど**中長期の関係づくりが得意**といえます。

● 広告は「自社のことを知らない人」に知ってもらうきっかけになる

　しかし、SNSの中でも広告やキャンペーンは、この限りではありません。フォローしていない人にも配信されるため、自社アカウントのことを知らない人にも知ってもらえるという最大のメリットがあります。

　自動車最大手の「トヨタ自動車」では、『トヨタイムズ』というオウンドメディア、さらにYouTubeやTwitter（@toyotatimes）などを開設し、会社の社長をはじめ多くの写真が登場するメディアを運用しています。さらにテレビCMも配信することで、両者の得意領域を生かした運用をしています（図2）。

　次節からは、SNS広告の基本的な考え方についても触れていきます。

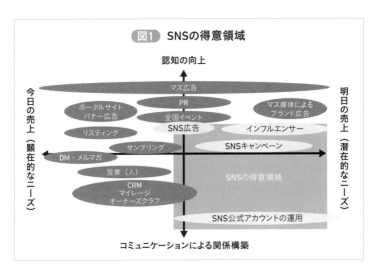

図1 SNSの得意領域

図2 トヨタ自動車の『トヨタイムズ』

No.

02

〔各SNS広告の特徴〕

SNS広告の基本的な
特徴を知ろう

　企業・ブランドの認知度向上、フォロワー数の増加、アプリダウンロードなどのKGI・KPI達成ための1つの手段として、各SNS広告の活用も視野に入れておくべきです。SNS広告は、クリックのほか、フォローや「いいね！」などのアクションに応じて課金されます。

　一般的にフィード上（図3・図4・図5）に表示されますが、InstagramのストーリーズやFacebookメッセンジャー、Twitterのトレンド欄など場所を選択することもできます。また、Facebook広告は、「〇〇さんが『いいね！』しました」というコメントとともに親近感を抱きやすくなっています。

● どの広告も基本的な考え方は同じ

　どのSNS上で広告出稿する場合でも、基本的な考え方は同じです。「広告の目的」（フォロワーを増やす、動画を見てもらうなど）、ターゲット、興味・関心、予算、出稿場所などを設定します。

　Instagramの場合はFacebook上で配信設定ができます。図4のように文字数が少ないものやビジュアル重視のものが好まれやすい傾向にあります。図5はTikTokのゲームアプリの広告です。左下にリンクが表示され、クリックするとApp Storeに誘導できます。図6はTwitterのオーディエンス（広告を届けたいユーザーのこと）を決める画面です。特定のTwitterアカウントを選択後、「フォロワーが似ているアカウント」や「キーワード」などを設定できます（Facebookでも同様の設定が可能です）。YouTube広告は、特定の動画を見ている人に表示する仕組みもあります（図7）。

図3 Facebook広告の特徴

友達の投稿が
広告と並んでいる

図4 Instagram広告の特徴

「レコメンド」に
自然な形で表示

図5 TikTok広告の特徴

ビジュアルの美しさや
世界観が重視される

図6 Twitter広告の特徴

特定のアカウントのフォロワーや
似ている人に届けられる

図7 YouTube広告の特徴

特定の動画を
見ている人に表示

No.

03

〔SNS広告の出稿〕

設定したKGIやKPIを参考に広告の出稿を検討しよう

　SNS広告のメニューには、多数のラインナップが用意されています。例えば、ファンを増やすための広告、「いいね！」やコメント数などのエンゲージメントを増やすための広告、その他、アプリを開発している企業であれば、アプリの宣伝広告が存在します。メニューを選択するために、まずは広告出稿の目的を決めなければなりません。その次に、ターゲットや予算を決めていきます。ここでは、Facebookを例に、広告配信時に設定する項目の内容を簡単に見てみましょう。

　図8の①は、Facebookでの広告配信時に起動する「広告マネージャ」の画面です。まず初めに広告の目的を「認知度」「トラフィック」「エンゲージメント」などの中から選びます。

　その次に、②のように、キャンペーン名を決めます。キャンペーン名は、**内部で管理するための名前**です。例えば、「23-06-23-25_イベント名」といったように内部で後から何の広告だったがわかるようにします。ターゲットは、図8の「オーディエンス」（③）で選択します。地域、年齢、性別などのほか、興味・関心の対象や子どもの有無など、かなり詳細に設定できます。CHAPTER 2で解説したペルソナに沿って設定していきましょう。さらに、広告の表示場所や予算、掲載期間（④）などを設定していき、最後に形式や広告コンテンツのテキストや画像（クリエイティブ）を用意します。

　SNSの広告メニューは豊富で、**キャンペーンのターゲットや予算なども細かく設定できる**ので、思い描いたターゲットに届けることが可能です。実際に広告出稿を始める前に、出稿する目的やKPI、ターゲット、予算などをあらかじめ決めて準備しておきましょう。

図8 広告出稿の流れ

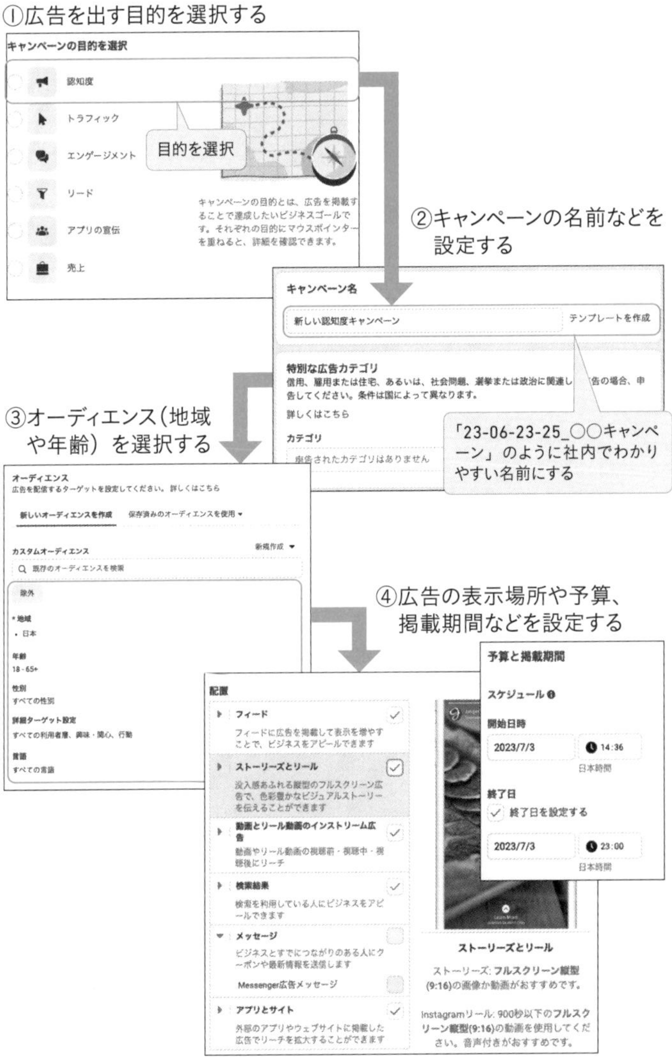

① 広告を出す目的を選択する

キャンペーンの目的を選択

- 認知度
- トラフィック
- エンゲージメント
- リード
- アプリの宣伝
- 売上

目的を選択

キャンペーンの目的とは、広告を掲載することで達成したいビジネスゴールです。それぞれの目的にマウスポインターを重ねると、詳細を確認できます。

② キャンペーンの名前などを
　設定する

キャンペーン名

新しい認知度キャンペーン　　　テンプレートを作成

特別な広告カテゴリ
信用、雇用または住宅、あるいは、社会問題、選挙または政治に関連　　告の場合、申告してください。条件は国によって異なります。
詳しくはこちら

カテゴリ
選択されたカテゴリはありません

「23-06-23-25_○○キャンペーン」のように社内でわかりやすい名前にする

③ オーディエンス（地域
　や年齢）を選択する

オーディエンス
広告を配信するターゲットを設定してください。詳しくはこちら

新しいオーディエンスを作成　　保存済みのオーディエンスを使用 ▾

カスタムオーディエンス　　　　　　　　　　新規作成 ▾

Q 既存のオーディエンスを検索

除外

・地域
・日本

年齢
18 - 65+

性別
すべての性別

詳細ターゲット設定
すべての利用者層、興味・関心、行動

言語
すべての言語

④ 広告の表示場所や予算、
　掲載期間などを設定する

配置

▸ フィード ✓
フィードに広告を掲載して表示を増やすことで、ビジネスをアピールできます

▾ ストーリーズとリール ✓
没入感あふれる縦型のフルスクリーン広告で、色彩豊かなビジュアルストーリーを伝えることができます

▾ 動画とリール動画のインストリーム広告 ✓
動画やリール動画の視聴前・視聴中・視聴後にリーチ

▸ 検索結果 ✓
検索を利用している人にビジネスをアピールできます

▾ メッセージ
ビジネスとすでにつながりのある人にクーポンや最新情報を送信します
Messenger広告メッセージ

▸ アプリとサイト ✓
外部のアプリやウェブサイトに掲載した広告でリーチを拡大することができます

予算と掲載期間

スケジュール ❶

開始日時
2023/7/3　🕐 14:36
日本時間

終了日
✓ 終了日を設定する
2023/7/3　🕐 23:00
日本時間

ストーリーズとリール

ストーリーズ：フルスクリーン縦型(9:16)の画像か動画がおすすめです。

Instagramリール：900秒以下のフルスクリーン縦型(9:16)の動画を使用してください。音声付きがおすすめです。

No.

04

［リスティング広告とSNS広告］

ついクリックしてしまう
SNS広告とは?

◉ リスティング広告とSNS広告の違い

　リスティング広告とは、Googleなどの検索エンジンにおいてユーザーがあるキーワードを検索した際に、そのキーワードに連動して検索結果ページに表示される広告のことです（図9）。

　つまり、**リスティング広告はユーザーが欲している結果にマッチした広告であるため、ユーザーに能動的な気持ちでクリックしてもらえます。**

　一方で、SNSは、友人の投稿を閲覧するために開かれるため、そもそも広告はユーザーに求められているものではありません。そのため、**SNS広告は、ユーザーに受動的な気持ちで閲覧され、内容が気になればクリックに至ります**（検索履歴などの行動に基づく広告メニューも存在しますが、主な広告としての比較です）。

　すなわち、リスティング広告とSNS広告とでは、ユーザーのクリックの動機が決定的に違うということです。そういった背景を踏まえると、SNS広告を制作する際はユーザーの目に留まり、ユーザーの潜在的な欲求にアプローチできるようなコンテンツを考えるようにしなくてはなりません。

　例えば、図10の広告は、とあるスポーツブランドの広告です。パッと見で、右側にスワイプできることが直感的にわかります。ランニングに関する商品が複数表示されるので、1枚の画像よりも長く見てもらいやすいという特徴があります。

図9 リスティング広告と検索結果の見え方

リスティング広告

リスティング広告

検索結果

CHAPTER
5

図10 The NorthFaceのFacebook広告

The North Face Japan
広告・

気温が上がり、日差しも強くなってくるこれからの季節。盛夏シーズンに活躍するランナーが快適に、楽しく走るためのおすすめのアイテムをご紹介します。通気性や紫外線対策を意識したアイテムを身につけ、軽快に走りだそう。

Summer Run Collection 2023

THE NORTH FACE
Summer Run

詳しくはこちら

スライドでき、続きが気になる

出典：The NorthFaceのFacebook広告

No.
05

〔広告クリエイティブの事例〕
Facebookの「広告ライブラリ」を活用しよう

　具体的な広告の画像や動画・文章に悩んだ場合は、「広告ライブラリ」（https://www.facebook.com/ads/library/）を参考にしてみましょう。

◉ 広告ライブラリとは？

　広告ライブラリでは、FacebookとInstagram上の現在掲載中のすべての広告から検索することが可能です。

　例えば「キリン」で検索すると、図11のように、「キリンビバレッジ」の通販限定の炭酸水「ヨサソーダ」のFacebookやInstagram広告を見つけることができました（2023年5月時点）。

　実際の投稿を見てみると、「簡単レシピ」「190mlでのみきりやすい」などのように訴求ごとに広告を分けている点などが参考になります。

◉ 現在配信している広告のみ閲覧できる点に注意

　広告ライブラリは、他社がどんな訴求をしているか、どんなパターンで配信をしているかを知ることができるので便利な機能ですが、過去に配信されていたものなどは検索できません。また、掲載されている広告のうち、どのパフォーマンスが高いかなどの情報はわかりませんので、「広告の正解がわかる」ページではありません。自社の配信結果をもとにクリエイティブを向上させていきましょう。

図11 広告ライブラリの例

- ●他社が現在、どんな広告を配信しているのかがわかる
- ●過去の配信は見ることができない

No.

06

［SNS広告の失敗パターン］

広告ではこんな失敗に
気をつけよう

　広告配信には費用がかかるため、わずかなミスが大きな損失につながってしまうこともしばしばあります。次のよくある失敗をチェックし、ミスのない配信に役立ててください。

● 失敗パターンその1：配信期間の設定ミス

　広告コンテンツの内容と配信されている時期がちぐはぐな広告がたまに見られます。例えば、訴求期間がすでに終わってしまっているキャンペーンの広告（図12）などです。この場合は、広告の配信設定の際に、配信期間を誤って入力してしまったことが原因だと考えられます。他にも、2月14日が過ぎているのにバレンタインデーの広告が出たり、3月3日が過ぎているのにひな祭りの広告が出たりしてしまうといった失敗もあります。

● 失敗パターンその2：文字数オーバー

　タイトルや本文、リンクの説明などのテキスト入力欄には入力できる文字数に制限があり、文字数がオーバーしてしまうと表示が途中で切れてしまいます（図13）。入力可能な文字数をあらかじめ把握した上でテキストを作成するようにしましょう。

　これらの失敗は、広告配信の担当者とは別にチェックする人を設けることで、防ぐことができます。チェックの担当者には、配信期間が正しいか、文字は切れていないか、URLは正しいか、誤字がないかなどを確認してもらうようにしましょう。

図12 訴求期間が終わってしまっているキャンペーン広告

広告・🌐

ジューンブライドって、
あこがれちゃいますよね♪

> 訴求内容は6月だが、7月に配信されては広告を出す意味がない

図13 文字数がオーバーしている投稿

広告

皆さん、こんにちは。…

> テキストが90文字を超えてしまうと、「…」をクリックしないと読めなくなってしまうことがある

自動車
いいね！2,908件

No.

07

［SNS広告運用レポート］

広告運用でもレポートを
作成しよう

　広告運用を始めたら、**KPIに沿った効果測定を行い、レポートを作成
しましょう。**広告運用のレポートでも、3.1で紹介した自社アカウントの効果測定のレポートと同じように、当月の数値やこれまでの推移などを調べ、どうすればKPIを達成できるのかを考察し、次のアクションを明確にします。

　広告運用におけるレポートフォーマット例を図14に掲載しましたので、参考にしてください。基本的に計測する値も決めておきましょう。SNS広告配信における主なKPIは次のとおりです。

•CPF（Cost Per Follow／Fan）

　CPFとは、1ファン（フォロワー）を獲得するためのコストです。ファンやフォロー獲得ごとに課金されるので、全体予算÷フォロー数で算出できます。

•CPE（Cost Per Engagement）

　CPEは、エンゲージメント獲得単価です。ユーザーの反応（リツイート、「いいね！」、返信、お気に入り登録、クリックなど）ごとに課金されるので、全体予算÷エンゲージメント数（リツイート、返信、「いいね！」、シェアなど）で算出できます。

　他にも従来のインターネット広告のKPIと同様に、CPC（クリック単価）やCPM（インプレッション単価）、CPA（コンバージョン単価）といったKPIを広告の目的に応じて使い分けます。実際どれぐらいのCPFを目指せばよいかは、本章末尾のコラムをご覧ください。

図14　広告運用レポートフォーマット例

株式会社○○社

> Facebook広告　結果レポート（11月）
> 配信期間： 2023/8/11〜2023/8/20
> 広告費用： 30,000 円
> 獲得ファン数（ページの「いいね！」）： 251 人
> CPF： 119円

クリエイティブ	セグメント	インプレッション	クリック	CTR
	地域：日本 除外されたつながり： ○○・××に「いいね！」 した人を除外 年齢：20〜65歳 次の条件に一致する人 趣味・関心：美容、シ ョッピングモール、オ ンラインショッピング、 ファッションアクセサ リーまたは流行 行動：アクションを実 行したカスタマー	10,435	445	4.26%

CTR：インプレッションに対するクリック率のこと

広告費用	CPC	CPM	アクション	ページの「いいね！」	CPF	関連度スコア
30,000円	67円	2,875円	1,800	251	120円	6

Point
- ファン獲得単価やクリック単価など目的に応じてレポートを作成
- どのクリエイティブ、ターゲットがよかったのか一目でわかるとよい

COLUMN　フォロワー1人あたりの獲得コストは?

　SNS広告の予算の概算を算出したい場合、フォロワー1人あたりの獲得コスト＝CPF（Cost Per Follow）を用います。なお、CPFは一般的に100円から500円程度が目安とされ、フォロワー獲得が増えるほどこの単価も上がりやすくなります。

　例えば、「フォロワーを5,000人増やしたい」という目標があったとしましょう。仮にCPFが300円の場合、以下の式が成り立ちます。

　　CPF×目標フォロワー増加数＝必要な予算
　　300円×5,000人＝1,500,000円

　しかし、初めて広告を出稿する際は、予算1万円、掲載期間1カ月など少ない予算と期間でテストを行い、おおよそのCPFを把握することをおすすめします。また、ターゲットについても、初めから細かく「興味・関心」を設定する必要はありません。最低限、「言語」を「日本語」に設定しつつ、さらにクリエイティブも文章と画像それぞれ2パターン（合計4パターン）程度から始めてみることを推奨します。

　理由はSNS広告には機械学習機能があり、自動的に最適な年齢層や性別・興味・関心のある方に振り分けられるからです。また配信結果も、年齢層や性別ごとに成果を確認できます。初手では広く配信し、その中で成果を比較して、CPFの把握やよい広告を見極めていき、今の流行りにあわせて入れ替えてください。他社がどんな広告を配信しているかはMeta社の「広告ライブラリ」を活用してみましょう。

CHAPTER

6

炎上予防と対策

No.

01

［炎上のプロセス］

炎上はどうして起きるのか？

　SNSが普及してから、「炎上」という言葉が聞かれるようになりました。炎上とは、SNS上で好意的ではない内容のコメントが殺到し、収拾がつかなくなる状態を指します。よく「炎上が怖いからSNSはやらない」という声を耳にしますが、自社でSNSをやっていなくても炎上の可能性は十分にあります。**一般的に炎上はSNS上での企業の失言に対して起こるものだと思われがちですが、実はそれだけではありません。**

　あるPC販売店A社が炎上した事例を紹介します。ユーザーが「A社で高額な契約解除料を請求された」という話をTwitterに投稿したところ、多くのリツイートや「自分にも経験がある」などのコメントが集まり、A社への非難がヒートアップしました。A社はTwitterに公式アカウントを持っていないにもかかわらず、たった1人のユーザーの投稿がきっかけで炎上してしまいました。A社のような事例が起こる理由は、SNSがユーザー中心のメディアだからです。

　これは、企業活動を行う上で避けられないといわれる「クレーム」と同質のものといえるでしょう。ただし、一度火がついてしまうとコントロールが利かなくなってしまうところが、SNSにおける炎上の厄介なところです。

　炎上は図1のように5つに分類でき、オンライン／オフライン問わず様々な原因で起こります。そして図2の炎上プロセスのように、多くの炎上では同じような段階を経て拡大します。そのため、当事者がSNSをやっている、やっていないにかかわらず、炎上は誰にでも起こるものだと認識して向き合うことが大切です。

図1　炎上のケース

気をつけるべき「炎上」は、5つのケースに分類できる

	SNS内 （オンライン）	SNS外 （オフライン）	巻き込まれ 炎上
企業	●公式アカウントの 不謹慎な投稿 ●公式アカウントの 誤投稿（誤爆）	●不祥事、商品・ サービスの欠陥など ●センシティブ （デリケート）なテーマを 扱った広告・宣伝	●フェイクニュース ●第三者による誤解・ 臆測
従業員	●公序良俗に反する投稿 ●機密情報や 他人の個人情報を投稿 ●フェイクニュースの拡散	公序良俗に反する言動	

Point
●企業がSNSをやっていなくても炎上する
●数年前の投稿が炎上することもある

図2　炎上プロセスを把握する

「炎上」は段階が進むにつれ鎮火が難しくなるため早急な対応が重要

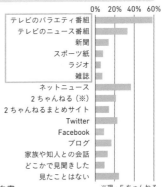

炎上の段階	事象（例）
STEP 1	炎上のきっかけとなる事象発生 （オンライン／オフライン）
STEP 2	Twitter・Instagram・Facebook・ 匿名掲示板などに投稿される
STEP 3	STEP 2で投稿された内容について 一部のユーザーが話題にする
STEP 4	インフルエンサーが話題にし始める
STEP 5	まとめサイトやネットニュースなどに 掲載される
STEP 6	まとめサイトやネットニュースなどを 閲覧したユーザーが炎上に加担する
STEP 7	マスメディアに取り上げられることで 世間一般にも認知される ★拡散力：大★

右図出典：総務省『令和元年版 情報通信白書』
URL https://www.soumu.go.jp/johotsusintokei/whitepaper/ja/r01/pdf/n1400000.pdf

CHAPTER
6

No.
02 ［炎上の予防策］
炎上させないために
できること

　ここからは、炎上の原因を踏まえた上で、予防策を練っていきましょう。予防策は、大きく分けて次の3つです。

○ ①組織で対策すべきこと
- **ダブルチェックの体制を検討する**

○ ②SNS運用担当者が気をつけるべきこと
- **時勢に敏感になる**
- **触れないほうがよい話題を心得る**

○ ③全社員に周知すべきこと
- **自社の社員しか知らない情報はSNSでも触れない**

　具体的な例を図3の表にまとめましたので、ぜひマニュアルづくりや、体制づくりの参考にしてください。
　また、予防策の他に、**組織の中での対応策をあらかじめ決めておくこと**も重要です。
　万が一炎上してしまった場合であっても、最初にしっかりと体制を確立しておけば、すぐに沈静化することができます。たとえ緊急時に担当者が不在だった場合でも、慌てずに対応できるからです。
　具体的な対応策の例は1.16の運用マニュアルの例を参考にしてください。

図3　組織、SNS運用担当者、全社員でできる炎上の予防策

■組織で対策すべきこと：ダブルチェックの体制を検討する

- 投稿内容が適切かどうかをチェックするために、できるだけ自分1人だけで投稿を完結せず、ダブルチェックの体制を設けるようにする
- 発言内容や言葉選びが適切かを見極められる人にチェックを任せる（お客さま対応の経験がある方が望ましい）
- 最終的な投稿の責任を負う立場の人を決める

■SNS運用担当者が気をつけるべきこと①
時勢に敏感になる

- 投稿内容のタイミングに敏感になりすぎるのも注意が必要。例えば、天気が雨であることを前提とした内容にすると、雨ではない場所にいるユーザーにとってはそぐわないものになる
- テロや災害のあった日の投稿内容は、注意が必要。普段と異なり、倫理的によくないと捉えられるような内容になってしまっていることがある
- 世の中の流れに注意したり、過去の炎上事例などに学んだりしながら、できるだけ幅広い可能性を想像する

■SNS運用担当者が気をつけるべきこと②
触れないほうがよい話題を心得る

人によって思想や立場が異なると考えられる話題は避けるほうが無難。特に考え方に多様性のあるテーマについて偏った意見や情報を述べることは、その企業の代表でもある公式アカウントからは避けたほうがよい。例えば、政治、宗教、経済格差・地域格差などの微妙な話題、スポーツ、スキャンダル、災害に関する話題など

■全社員に周知すべきこと

SNSに限ったことではなく、社員しか知りえない情報を投稿してしまったり、会社の機密情報を漏えいしてしまったりしないよう、社員教育を徹底することが大切。従業員向けに個人でSNSを利用する際の注意事項などを定めたガイドラインを策定している企業もある

No.
03
［炎上への対処法］
ピンチをチャンスに！
炎上をプラスに反転する

　4.1で紹介した「カスタマーサポート」の事例のように、企業やブランドに対するネガティブな発言をされても、炎上に至らない場合もあります。

　その違いは、**炎上につながりそうなユーザーの投稿を早期に見つけて、速やかに対応できるかどうか**です。早期発見と迅速な対応は、炎上を防ぐだけでなく、ユーザーの評価をマイナスからプラスに変えることもできます。

　炎上というとネガティブなイメージがつきものですが、炎上した時にファンが味方になってくれることもあるのです。

　例えば、2016年に自動車業界で「燃費不正問題」が話題となったことがあります。当該企業が批判を浴びる中で、自動車のファンである人たちがTwitter上でハッシュタグ「#頑張れ〇〇（自動車メーカー名）」をつけて、応援する姿も見られました（図4）。

　航空会社で大規模なシステム障害があった時も、「いつも期待以上のサービスをしてくれているから信頼しています。頑張ってください」といった趣旨のコメントが寄せられるといったこともありました（図5）。

　このようにSNSではネガティブな情報だけが拡散されるわけではなく、企業やブランドに信頼を寄せるファンからの好意的な投稿が多く見られることも事実です。

　一朝一夕で信頼関係を築くことは簡単ではありません。しかし、日頃からファンとの良好な関係を築くことで、ファンやユーザーが助けてくれることもあることを知っておきましょう。

図4 炎上中の車メーカーに対するファンからの投稿

図5 システム障害時の航空会社への応援投稿

出典： **URL** https://twitter.com/DATETOJIRO/status/1125900490515013632

COLUMN

加害者や被害者にならないために 誹謗中傷やデマに気をつけよう

　フェイクニュースとは、嘘やデマ、誤情報や扇情的なゴシップ、それらの情報が負の影響をもたらすことを指します。

　例えば、とある震災時にTwitter上で「近所の動物園のライオンが逃げた」という内容が画像とともに投稿され、多くの人に拡散されましたが、のちに嘘の情報だとわかりました。善意によるリツイートが、結果的に混乱を招いた例です。

　また、医療・生命に関する情報などは、明確な判断材料がそろっていないことも多くあります。WHOや厚生労働省などの信頼性のある情報にアクセスしたり、確証を持てないものは投稿しないことも大切です。面白いから、誰かのためになりそうだからとすぐに反応するのはやめましょう。

　SNSの投稿が誹謗中傷や損害賠償・事故など取り返しのつかない事態になった事例も見られます。誹謗中傷とは「相手をそしること、悪口を言うこと」を差します。心を傷つける言動は本来SNSかどうかに関係なく、適切ではありません。また、そのような発言をしている人を、正義心から傷つけてしまうことも罪に問われることがあります。個人として理性的な人であっても「他の人もやっているから問題ない」などのように、同一的な行動をとる心理を、フランスの心理学者ル・ボンは「群集心理」と呼んでいます。多くの人が発言しているからといって、著名人が発言した内容が常に適切だとは限らないことも念頭に置いておきましょう。

　自分自身が投稿していなくても、誹謗中傷的・侮辱的な他者の投稿をリツイートしたことで、賠償を命じられた判例も存在します。SNSを使うことは自由ですが、そこには責任が伴うことを改めて自覚しておきましょう。

CHAPTER

7

運用効率を上げる
おすすめツール

No.

01

［SNS担当者がチェックすべきサイト］

日々変化する情報を
キャッチアップするために

　SNSマーケティングの現場は日々進化しており、絶えず新たなトレンドが生まれ続けています。**常に効果的なSNS運用を目指すためにも、新たな情報は定期的にチェックするようにしましょう。**

　図1に挙げたチェックすべきサイトを参考にしてください。

◉ SNS運用各社の公式情報

　Facebook、Twitter、Instagram、LINE、YouTube、TikTokなどSNSプラットフォーム各社の公式の情報が更新されます。

◉ マーケティング業界メディア

　業界メディアでは毎日新たな情報が更新され、SNSについても多くの情報が掲載されています。情報の種類も、SNSに関するニュースや運用事例、ハウツー、カンファレンスレポートなど様々です。

◉ テクノロジー系メディア

　マーケティング関連だけではなく、テクノロジーに関するメディアもあわせてチェックすることで、SNSマーケティングでできることが広がります。

◉ 海外メディア

　世界の最新ニュースや最新テクノロジー、先進的な事例をいち早く知ることができます。

◉ SNSマーケティング関連企業ブログ

SNSマーケティングを強みとする企業のブログにも、様々な最新情報が掲載されています。

◉ カンファレンス

SNSマーケティングの最新情報や、SNS担当者の生の声が聞けるリアルイベントへの参加も、有効な情報収集方法の1つです。業界メディアにもカンファレンスレポートが掲載される場合がありますが、実際にその場に参加することで、他社のSNS担当者との情報交換や人脈の構築ができるところが魅力です。

図1　チェックするべきWebサイトやメディア、カンファレンス

カテゴリー	媒体名と概要	URL
SNS運営各社の公式情報	Metaニュースルーム Meta公式ニュースサイト。アルゴリズム、事例、ユーザー数、開発者向け情報などの最新データが確認できる	https://about.fb.com/ja/news/
	META for Developers Facebook開発者向けページ。アルゴリズム、事例、ユーザー数、開発者向け情報などの最新データが確認できる	https://developers.facebook.com/
	Twitterマーケティングブログ Twitter公式ブログ。アルゴリズム、事例、ユーザー数、開発者向け情報などの最新データが確認できる	https://blog.twitter.com/ja_jp.html
	Twitter Developer Platform Twitter開発者向けページ。アルゴリズム、事例、ユーザー数、開発者向け情報などの最新データが確認できる	https://developer.twitter.com/
	Instagram Businessブログ Instagram公式ブログ。アルゴリズム、事例、ユーザー数、開発者向け情報などの最新データが確認できる	https://business.instagram.com/blog/?locale=ja_JP
	Meta広告ライブラリ 現在配信中の企業・団体のFacebook広告やInstagram広告を検索できる	https://www.facebook.com/ads/library/

カテゴリー	媒体名と概要	URL
SNS運営各社の公式情報	**LINE for Business** LINE媒体資料一覧。アルゴリズム、事例、ユーザー数、開発者向け情報などの最新データが確認できる	http://linebiz.com/jp/download/
	LINE Developers LINE開発者向けページ。アルゴリズム、事例、ユーザー数、開発者向け情報などの最新データが確認できる	https://developers.line.me/ja/
	YouTubeヘルプ 利用方法のほか、利用規約、アルゴリズム、事例などを確認できる	https://support.google.com/youtube/#topic=9257498
	TikTok for Business 主に広告の利用方法のほか、利用規約、事例などを確認できる	https://tiktok.com/business/jp
	日本版YouTube公式ブログ YouTubeの人気動画や事例などがわかる	https://youtube-jp.googleblog.com/
マーケティング業界メディア（テクノロジー系メディア）	**MarkeZine** 翔泳社が運営。デジタルを中心とした広告・マーケティングの専門情報メディア	https://markezine.jp/
	AdverTimes.（アドタイ） 宣伝会議が運営。企業のマーケティングやメディア、広報、広告クリエイティブなど、コミュニケーション分野を取り巻くニュースや情報を発信	https://www.advertimes.com/
	Web担当者Forum PC・ITジャンルの専門メディア企業であるインプレスが運営。Webマーケティングやホームページ運営に関する情報を発信	https://webtan.impress.co.jp/
	DIGIDAY［日本版］ アメリカ発のマーケティング、メディア業界の情報メディア。約7割が翻訳記事のため、英語がわからなくても海外情報を仕入れられる	https://digiday.jp/
	ferret メディア事業のほか、Webマーケティングツール開発なども行うベーシックが運営。Webマーケティング全般の情報を体系立てて発信	https://ferret-plus.com/
	ITmedia ソフトバンクグループのメディア企業であるアイティメディアが運営。テクノロジー関連のニュースおよび速報を中心に、レビューや特集記事を掲載	https://www.itmedia.co.jp/

カテゴリー	媒体名と概要	URL
海外メディア	**AdAge** マーケティング、メディア業界の最新ニュースを発信する世界的メディア	https://adage.com/
	Campaign Asia アジア太平洋地域における広告、マーケティング、メディア関連の最新ニュースを発信	https://www.campaignasia.com/
	Social Media Examiner アメリカのSNSマーケティング専門メディア	https://www.socialmediaexaminer.com/
SNSマーケティング関連企業ブログ	**WE LOVE SOCIAL** コムニコが運営するSNSマーケティングに関するブログ。国内外の最新SNSマーケティング情報を発信	https://blog.comnico.jp/we-love-social
	ソーシャルメディアラボ SNSマーケティング支援などを行うガイアックスが運営。SNSの実践的な利用方法などを研究し、発信	https://gaiax-socialmedialab.jp/-front-page/
	COMPASS InstagramなどのSNSにハッシュタグつきで共有した写真をプリントアウトできるサービス「#SnSnap」を提供するGENEROSITYが運営。SNSマーケティングとリアルイベントに特化したオウンドメディア	https://compass-media.tokyo/
カンファレンス	**アドテック** 世界の主要都市で開催される、アジア最大級のマーケティング・カンファレンス。日本では、主に東京と関西で開かれる	http://www.adtech-tokyo.com/ja/
	宣伝会議サミット 取り扱うテーマはマーケティング全般にわたる宣伝会議主催のフォーラム。「宣伝会議サミット」のほか、「プロモーションフォーラム」など宣伝会議が開催するマーケティング関連のリアルイベントは多数	https://www.sendenkaigi.biz/event/sdkg-summit/
	F8 Facebookの公式カンファレンス。Facebookのキーパーソンが登場し、FacebookやInstagramの開発ロードマップや最新テクノロジー、今後の事業展開などについて話す。まだどこにも露出していない最新情報を入手できるため、FacebookやInstagramにおける今後のマーケティング戦略を考える上では参加にとても意義がある	https://www.f8.com/
	MarkeZine Day 業界の最新動向、新しい手法や普遍的なノウハウ、成功事例をキーパーソンたちから学べるカンファレンスが実施される	https://event.shoeisha.jp/mzday

No.
02

［マルチ投稿・分析機能］

運用効率を上げるSNS マーケティングツール

　KGIを達成するためには、ユーザーに喜ばれるコンテンツの企画に時間をかけたいところです。そのためには、事務的な作業にかかる時間の短縮など運用の効率化ができるSNSマーケティングツールの導入がおすすめです。各ツールによって実装されている機能は異なりますが、主にコンテンツ投稿時やレポート集計時の作業負担の軽減、フォロワーによるコメントのモニタリング、その他SNS運用をサポートする便利機能などがあります。

　次に代表的なツールを挙げましたので、ぜひ利用を検討する際の参考にしてください。

- **comnico Marketing Suite（提供：コムニコ）**
  URL https://products.comnico.jp/cms/jp
  自社のSNS運用代行サービスで培ったノウハウがツールに反映されているため、使いやすいインターフェースが特徴。対応しているSNSはFacebook、Twitter、Instagram。投稿プレビュー機能や、1クリックでダウンロードできるレポート作成機能が好評（図2）。

- **Social Insight（提供：ユーザーローカル）**
  URL https://sns.userlocal.jp/
  独自の言語解析エンジンを利用しており、指定したキーワードの口コミ分析に強みがある。競合アカウント分析や、フォロワーの属性分析なども充実。主要SNSのほか、Pinterest、GREE、ニコニコ動画など幅広く対応。

- **Sprinklr（提供：Sprinklr Japan）**
  URL https://www.sprinklr.com/jp/

Facebook、Twitter、LinkedInのほか、30社のSNSを1つのプラットフォームに統合し、一元管理を可能にした海外ツール。顧客管理システムと連携することで、幅広く応用できる。

- **TweetDeck（提供：Twitter）**
  `URL` https://tweetdeck.twitter.com/

  Twitterの管理に特化した公式ツール。リストごとに形成したタイムラインを複数並べて閲覧しながら、Twitterと連動した操作を行うことができる。Twitter Blue利用者限定。

- **NapoleonCat（提供：ナポレオンキャット）**
  `URL` https://napoleoncat.com/ja/

  Facebook、Instagram、Twitter、YouTubeアカウントの分析ができる。また、Instagramの投稿にも対応。

図2 comnico Marketing Suiteの操作画面

No.
03

〔分析ツール・委託ツール・監視サービス〕

時間が足りない時に使えるツール

◉各ツールを使って効率化を図ろう

　SNSマーケティングでより高い効果を出すためには、ユーザーに喜ばれるコンテンツのトレンドや投稿時間による効果の違いなど、**様々なデータ分析を行い、その結果を次の施策に役立てていくことも重**要です。図3のようなSNSのプレゼントキャンペーンの分析に特化したツールも多数リリースされているので、検討してみてください。

　また、画像を加工したい時や全国各地の写真素材が欲しい時など、**ちょっとしたことを頼みたいけれど人手や時間が足りない時は、クラウドソーシングを活用する**のも1つの手です。「クラウドワークス」や「ランサーズ」などのように依頼の受け手となる個人ワーカーと直接やりとりをする形態のサービスもあれば、「HELP YOU」などのように専属スタッフが窓口となってスキルを持った個人ワーカーに案件を振り、進捗管理をしてくれる信頼性の高いサービスもあります（図4）。依頼内容や予算などに応じて依頼先を使い分けるのもよいでしょう。

　そして、いざという時のために、**自社にとって問題のある内容の投稿が行われてもすぐに見つけて対処できるよう、監視サービスを活用して**ください。24時間365日体制でSNSをモニタリングしてくれる監視サービスもあります。

　SNS上の投稿やコメントによる自社へのクレームや誹謗中傷などは、炎上の発端となってしまう危険性があるので、リスク回避のために備えておきましょう。

図3 SNSの投稿やアカウントの分析ツール

名　称	概　要	紹介ページ
ATELU（アテル） ATELU	● SNSキャンペーンに必要な応募者の収集から当選までを効率化 ● Twitterキャンペーン、Twitterインスタントウィン、Instagramキャンペーンに対応	https://products.comnico.jp/atelu/jp
autou（オウトウ） autou	● Instagramのユーザーからのコメントに対して自動で応答するクラウドツール ● コメントの内容に応じて、アンケートを行いおすすめ商品の提案や、限定クーポンを送付できる	https://www.comnico.jp/products/autou/jp

図4 クラウドサービスツール

名　称	概　要	紹介ページ
クラウドワークス Crowd Works	依頼の受け手となる個人ワーカーと直接やりとりをする形態のサービス	https://crowdworks.jp/
ランサーズ Lancers		https://www.lancers.jp/
HELP YOU hy HELP YOU	専属スタッフが窓口となってスキルを持った個人ワーカーに案件を振り、進捗管理をしてくれる信頼性の高いサービス	https://help-you.me/

No.
04
［参考になる企業公式アカウント］
効率よく情報収集してSNS のお手本を見つけよう

　コンテンツ発信やユーザーとのコミュニケーションの面などにおいて参考になりそうな企業公式アカウントは、フォローしてチェックしましょう。

　例えば、図5に挙げたTwitterアカウントはユーザーとのコミュニケーションを積極的に行うことで高い人気を得ています。ぜひ参考にしてください。

● 時間がない人のためのチェック法

　日々、情報は広く偏りなく仕入れたいところですが、毎日すべてのWebサイトを訪れて更新をチェックするのは大変です。**情報を効率よくチェックする機能を使いましょう。**例えば、各メディアのメールマガジンに登録し、毎朝配信されるメールから重要だと思われる記事を閲覧したり、指定したキーワードが含まれる検索結果をメールなどで通知するGoogleアラートを利用して更新情報が自動的に送られてくるようにしたりすることが有効です。

　Twitter上でも、フォローしたアカウントをすべて1つのタイムラインでチェックするのは大変なので、「リスト」という機能を使ってテーマごとにタイムラインを分けると効率的に見ることができます。またInstagramでは、見つけたハッシュタグをタップしてフォローできます（122ページ参照）。ハッシュタグをフォローすると、そのハッシュタグがついた写真や動画がストーリーズ、フィード、プロフィールの「フォロー中」セクションなどに表示されるようになるので、情報収集に便利です。

図5　参考にしたい企業のTwitterアカウント

○ 絶対にチェックしたいおすすめ企業アカウント

	企業名と内容
企業公式アカウント	**SHARP シャープ株式会社（@SHARP_JP）** 自社の商品情報や豆知識などを気さくな雰囲気で投稿している。ユーザーのコメントに対する返信も積極的に行っており、ユーザーとの近い距離でのコミュニケーションが好評。同様の方向性でアカウント運営を行っている企業は、他にもタニタ、キングジム、タカラトミー、ニッセン、東急ハンズ、井村屋、セガなどがある
	無印良品（@muji_net） 自社商品の使用イメージを10秒前後の動画にまとめ、短い時間で多くの情報が伝わるように工夫している
	キリンビバレッジ（@Kirin_Company） 季節ネタや時事ネタに絡めた商品情報の投稿や、プレゼントキャンペーンなども積極的に行う。キャンペーンの応募方法として、フォローやリツイートなどの機能を活用しているところもポイント

○ フォロワーが多く、ユーザー個人とも会話があるTwitterアカウント

公式アカウント	フォロワー数	URL
スターバックス コーヒー	約7,173,000人	https://twitter.com/Starbucks_J
コカ・コーラ	約1,610,000人	https://twitter.com/CocaColaJapan
ミスタードーナツ	約1,480,000人	https://twitter.com/misterdonut_jp/
ハーゲンダッツ	約1,502,000人	https://twitter.com/Haagen_Dazs_JP
ケンタッキーフライドチキン	約2,601,000人	https://twitter.com/KFC_jp
モスバーガー	約1,782,000人	https://twitter.com/mos_burger
ミニストップ公式アカウント	約1,328,000人	https://twitter.com/ministop_fan
サブウェイ	約1,148,000人	https://twitter.com/subwayjp
吉野家	約797,000人	https://twitter.com/yoshinoyagyudon
森永製菓	約718,000人	https://twitter.com/morinaga_angel
タリーズコーヒージャパン株式会社	約381,000人	https://twitter.com/Tullys_jp
ドミノ・ピザ	約881,000人	https://twitter.com/dominos_JP

○ 商品・サービスに関係ない話もどんどんツイートする運営方針の Twitter アカウント

公式アカウント	フォロワー数	URL
NHK広報	約2,135,000人	https://twitter.com/nhk_pr
pino（ピノ）／森永乳業	約456,000人	https://twitter.com/morinaga_pino
セガ公式アカウント	約539,000人	https://twitter.com/SEGA_OFFICIAL
ニッカウヰスキー【公式】	約550,000人	https://twitter.com/nikka_jp
ヴィレッジヴァンガード オンラインストア	約209,000人	https://twitter.com/vgvd
ワーナー ブラザース ジャパン	約359,000人	https://twitter.com/warnerjp
株式会社タニタ	約327,000人	https://twitter.com/TANITAofficial
キングジム	約449,000人	https://twitter.com/kingjim
東急ハンズ	約192,000人	https://twitter.com/Hands_san
パインアメの 【パイン株式会社】	約168,000人	https://twitter.com/pain_ame
井村屋（株）公式	約213,000人	https://twitter.com/IMURAYA_DM
ロフト公式	約218,000人	https://twitter.com/LOFT_Official
わさビーフの山芳製菓	約170,000人	https://twitter.com/yamayoshiseika

○ その他、参考になるSNSアカウント

公式アカウント	フォロワー数	URL
北欧、暮らしの 道具店	約1,286,000人	https://www.instagram.com/hokuoh_kurashi/?hl=ja
ヤング日経	約59,000人	https://www.instagram.com/nikkei_young
松屋フーズ 公式アカウント	約34,000人	https://www.instagram.com/matsuya_foods/
【公式】ドミノ・ピザ	約365,000人	https://www.tiktok.com/@dominos_jp
soeasy.hacks	約421,000人	https://www.tiktok.com/@soeasy.hacks
わかさ生活【公式】	約35,000人	https://www.tiktok.com/@wakasa_eye
タカラトミー TAKARATOMY	約1,500,000人	https://www.youtube.com/@takaratomychannel
スクウェア・ エニックス	約973,000人	https://www.youtube.com/@squareenix

※フォロワー数は2023年6月時点で集計したもの

資格をとってレベルアップしよう！

　一般社団法人SNSエキスパート協会は、SNSマーケティングを安全に、効果的に実施するために、SNSに関する正しい知識を体系的に身につけることのできる検定プログラムを提供しています（図6）。現在用意されている検定プログラムは、「SNSリスクマネジメント検定」と「SNSエキスパート検定（初級・上級）」の2種類です。講座を受講して知識を習得後、実施される検定試験に合格すると認定資格が得られます。資格は、履歴書や名刺に記載してスキルの証明とすることが可能です。

　SNSマーケティングはセミナーを受講して断片的に学んでいったり、見よう見まねで試してみたりしながら進めている人も多いかと思いますが、検定プログラムのように体系的に学べる場があることもぜひ覚えておいてください。

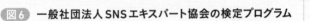

図6　**一般社団法人SNSエキスパート協会の検定プログラム**

出典：一般社団法人SNSエキスパート協会HP
URL https://www.snsexpert.jp/

おわりに

　本書を最後までお読みいただきありがとうございました。本書を通じて、SNSはこれまでのマーケティング手段と比べ、大きく異なる点が多々あり、独自のノウハウや考え方が必要であることは、ご理解いただけたかと思います。

◎ コミュニケーションの主導権は生活者に移った

　令和4年版の『情報通信白書』によれば、日本のインターネットトラフィックは、2019年11月から2021年11月までの2年間で約2倍に増加したそうです。

　必然的に、生活者はどの情報を消費するかを意識的にしろ、無意識的にしろ、取捨選択しています。

　このことは、企業のマーケティング活動に重要な影響をもたらしました。企業の都合で一方的に発信する情報は、生活者に無視され、届かない可能性が非常に大きくなったからです。

　ましてや、情報だけでなく、モノやサービスもあふれ、それらの微妙な特徴や新規性に興味を持ってもらうのは非常に困難です。

　結局のところ、**SNSに限らず、企業は生活者の意向をこれまでとは比較にならないくらいに考慮して、マーケティング活動を行う必要が出てきた**といえます。

◎ 生活者に愛されるマーケティングを

皆さんにも、次のような経験があるのではないでしょうか？

- 忙しい仕事中に、どこで知ったのか、携帯電話にいきなり不動産の売り込みの電話がかかってきた
- しばらく家を留守にしていたら、必要のないビラやチラシが大量

に郵便受けに入っていて、迷惑した
- スマホの小さな画面に大きく広告バナーが表示され、間違って
  タップしてしまい、見たくもないサイトに連れていかれた

これらは、過去には当たり前のマーケティング活動の一環でした。
しかし今では、生活者が悪印象を持つ不愉快な活動になっています。
そうした活動を継続することは、もはや企業にとってのリスクです。
不愉快な思いをした生活者は、その企業自体を嫌いになる可能性が
高いからです。

**これからのマーケティングは、活動自体が生活者に愛されるものにな
らなければいけません。**徹底的に生活者の立場になって考える
Lovable Marketing（愛されるマーケティング活動）こそが、今後の
マーケティングに必要な考え方なのです。

SNSはLovable Marketingを実践するのに最適なプラットフォーム
です。逆にいえば、生活者に嫌われると、広告は非表示にされ、フォ
ローは外され、全くメッセージが届かなくなるシビアな世界です。

しかし、本書を読んだ皆さんなら、愛されるマーケティング活動が
実行できるはずです。

本書が皆さんのマーケティング活動の一助になるとともに、愛さ
れるマーケティング活動が広がるきっかけの1つになれば、筆者とし
てこれに勝る喜びはありません。

最後に、本書の執筆にあたり、株式会社コムニコ、株式会社ジソ
ウ、一般社団法人SNSエキスパート協会のメンバーには、多大なる協
力をしてもらいました。皆さんの協力やアドバイスなしには、本書を
完成させることはできませんでした。感謝しています。ありがとう。

Glossary | 用語集

ROI

Return On Investmentの略。投下した資本がどれだけの利益を生んでいるのかを測る際に使われる基本的な指標。企業の収益力や事業における投下資本の運用効率を示す。ROIが大きいほど収益性に優れた投資案件になる。

ROAS

Return On Advertising Spendの略。広告の効果を測る指標の1つで、売上を広告費用で割ったもの。かけた広告費に対して何倍の売上を得ることができたかを表すもので、この値が高いほど効果的に広告を出稿できていることになる。

RTB

Real Time Bidding（リアルタイム入札）の略。広告のインプレッションが発生するたびに競争入札を行う仕組みで、プログラマティック広告の代表的な取引形態。SNSにおける広告の入札もRTBが採用されている。

Earned Media

SNSを中心とした外部メディア。商品を売り込むことが目的なのではなく、そこにいるユーザーからの信頼や知名度を「得る」ことが目的とされる。

IoT

Internet of Things（モノのインターネット）の略。様々なモノがインターネットに接続し、相互に通信を行うこと。

アクエディション

「取得」という意味。新規顧客を開拓したり獲得したりすること。

アクセシビリティ

情報やサービス、ソフトウェアなどの利用しやすさ。特に、高齢者や障害者などハンディを持つ人にとって、どの程度利用しやすいかという意味で使われることが多い。

アクセス解析

Webサイト（Webページ）への利用者（ユーザー）の訪問履歴（アクセスログ）を解析すること。

アクティブサポート

SNSでも主にTwitterを活用したカスタマーサポートの手法。企業自らが能動的な直接会話をすることで、ユーザーの疑問や不安、時には不満の問題解決を図る方法。メールや電話などで「問い合わせがあってから対応」する従来の方法と異なる。

アドホック

特定の調査目的のために、その時ごとにオーダーメイドで設計、実施される単発調査のこと。

アトリビューション分析

コンバージョン（購入や会員登録など）に至るまでの流入元の履歴データを使い、コンバージョンへの貢献度を分析・評価すること。様々な集客経路に対してユーザーが、どのタイミングで、何回経由したかなどを知る分析方法。

アルゴリズム（エッジランク）

SNSにおいては、ニュースフィードやタイムラインに表示される情報はユーザーの興味や関心、友達との関係性などによって表示順序が異なる。Facebook、Twitter、Instagram、YouTube、TikTokはそれぞれ独自のアルゴリズムを用いて、これらの表示を調整している。計算方法は公開されておらず、常にアップデートを繰り返している。また、エッジランクと通称で呼ばれている。

Instagramインサイト

Instagram独自の分析機能。エンゲージメントの高い投稿やインプレッションなどを把握できる。Instagramアカウントを持つだけでなく、プロアカウントに設定する必要がある。

インバウンドマーケティング

広告出稿などに頼るのではなく、消費者自身に「見つけてもらう」ことを目的としたマーケティング施策。見込み客に対して有益なコンテンツをネット上で提供することで、検索結果およびソーシャルメディアで発見されやすくする。

インフルエンサー

世間に大きな影響力を持つ人や物事。特に、インターネットの消費者発信型メディア（CGM）において、他の消費者の購買意思決定に影響を与えるキーパーソンを指す。

インプレッション

Webサイトに掲載される広告の効果を測る指標の1つで、広告の露出（掲載）回数のこと。サイトに訪問者が訪れ、広告が1回表示されることを1インプレッションという。impあるいはimpsと略記されることもある。SNSにおいては、投稿（オーガニック/有料問わず）の閲覧回数を指す。

Webユーザビリティ

Webサイトの使い勝手のよさのこと。そのページを訪れた利用者（ユーザー）がどれだけ快適に操作できるかを意味しており、ページ内の文章やボタン・画像などの各要素のわかりやすさや大きさ・配置、操作の学習しやすさ・覚えやすさ、ページ間移動の効率のよさ、ページの読み込み時間の短さなどの観点から評価される。WebサイトのWebユーザビリティを向上させると、利用者がそのサイトを再訪問する確率を押し上げるほか、Webストアでは商品の購入率を上昇させるなどの効果もあるとされている。

AI

Artificial Intelligence（人工知能）の略。人工的につくられる、知的な振る舞いをするコンピュータ。

ABテスト

複数の案のどれが優れているかを、何度も試行して定量的に決定するテスト手法。複数の案のいずれか1つをランダムに選んで実際の利用者に提示し、その際の効果の有無や高低を記録する。これを何度も繰り返し、最も効果の高かったものを最も優れた案として採用する。

SEM

Search Engine Marketingの略。検索エンジンを広告媒体と捉え、それを通じて自社Webサイトへの訪問者を増やすマーケティング手法。

SEO

Search Engine Optimizationの略。日本語では「検索エンジン最適化」。Googleなどの検索エンジンにおいて、特定のキーワードで検索された際に、検索結果ページで上位に表示されるように工夫すること。

SNS

ソーシャルメディアの1つ。Social Networking Serviceの略で、個人・企業問わず自由につながることができ、情報の受発信ができるサービス。FacebookやTwitter、Instagramなどがある。

NPS

Net Promoter Score（顧客推奨度）の略。顧客のエンゲージメントまたはロイヤリティ（企業やブランドに対する愛着・信頼の度合い）を数値化する指標。

エフェメラル

ストーリーズなど、一定時間で投稿そのものが消える機能を指す。

LTV

Life Time Value（顧客生涯価値）の略。顧客が取引を開始してから終了するまでの間、その顧客がもたらした損益を累計したもの。顧客シェアを計測する指標として考案された。

エンゲージメント

企業や商品、ブランドなどに対して生活者が抱く愛着心や親近感。企業と従業員の相互の深い結びつきを指すこともある。SNSにおいては、ファンやフォロワーからの「いいね！」や「コメント」「リツイート」「リプライ」「クリック」などの何らかの反響を総称することもある。

エンゲージメント率

SNSにおいて、エンゲージメント数をファンやリーチ、インプレッションなどの値で割ったもの。例えばFacebookであれば、「いいね！」数＋コメント数＋シェア＋クリックをした人数で算出。投稿がどれぐらいの反応を得られたのか、ユーザーからの共感や信頼を数値化する。

Owned Media

企業が情報発信に用いる媒体（メディア）のうち、自社で保有し運営・管理している媒体のこと。

オーガニックリーチ

広告以外でニュースフィードやタイムラインに表示された投稿のリーチ。

オーディエンスターゲティング

オーディエンスデータを用いたターゲティングの手法。オーディエンスデータとは、クッキーに基づいたユーザーの情報を指す。SNS広告におけるオーディエンスは、広告配信の対象者（ターゲット）を指すこともある。

オプトアウト

離脱する、脱退する、抜け出る、手をひく、断る、などの意味を持つ英語表現。企業が一方的に送ってくる広告などの受け取りを拒否することや、そのために用意された制度や措置などを意味する場合が多い。

オプトイン

加入や参加、許諾、承認などの意思を相手方に明示すること。個人が企業などに対し、メールなどのメッセージの送信や、個人情報の収集や利用などを承諾する手続きなどを指すことが多い。

流通・小売業の戦略の1つで、実店舗、通販カタログ、ダイレクトメール、オンライン店舗（ECサイト）、モバイルサイト、SNS、コールセンターなど、複数の販売経路や顧客接点を有機的に連携させ、顧客の利便性を高めたり、多様な購買機会を創出したりすること。元は流通・小売業から始まったが、メーカーやサービス業などにも広まりつつある。

カスタマージャーニーマップ

「顧客が購入に至るプロセス」のこと。 特に、顧客がどのように商品やブランドと接点を持って認知し、関心を持ち、購入意欲を喚起させて購買や登録などに至るのかという道筋を旅にたとえ、顧客の行動や心理を時系列的に可視化したものを「カスタマージャーニーマップ」と呼ぶ。

カンバセーションマーケティング

企業がブログやSNSを通じて、企業とユーザーまたはユーザー同士で商品やサービスについて会話や意見交換を行い、関係性を構築し、企業への信頼感を高め、ブランドロイヤリティを強めていくためのマーケティングのこと。

機械学習

コンピュータが、大量のデータをアルゴリズムに基づいて反復的に学習してパターンを見つけ、新たなデータを自律的に分析し、予測すること。

キュレーション

様々な情報を整理したり、特定のテーマに沿って情報をつなぎ合わせたりして新しい意味を持たせること。

Google Trends

Web検索において、特定のキーワードの検索回数が時間経過に沿ってどのように変化しているかをグラフで参照できるGoogleサービスの名称。Googleトレンドに任意のキーワードを入力して検索を行うと、そのキーワードが過去にどの程度検索されたのかについて、指数を表す線グラフで参照できる。

クラスター分析

異なる性質のものが混ざりあっている集団（対象）の中から、互いに似たものを集めて集落（クラスター）をつくり、対象を分類する方法。マーケティングリサーチにおいては、ポジショニング確認を目的としたブランドの分類や、イメージワードの分類、生活者のセグメンテーションなどに用いられる。

クリック単価

1クリック（サイトへの1アクセス）を獲得するのにかかるコストのこと。CPC（Cost Per Clickの略）ともいう。

クローラー

Googleなどのロボット型検索エンジンがWeb上のファイル（HTML文書だけでなく、画像・PDFまで含む全般）を収集するためのプログラムのこと。 クローラーによって収集されたデータがインデックス化され、巨大な検索データベースが作成される。

KGI

Key Goal Indicatorの略。組織やプロジェクトが達成すべき目標を定量的な指標で表したもの。抽象的な理念や目的のようなものではなく、「いつ、どの指標がどのレベルに到達したら目標達成とみなすのか」を定義したもの。日々の進捗を測る指標としてKPIが併用されることが多い。

KPI

Key Performance Indicatorの略。日本語では「重要経営指標」「重要業績指標」などと訳される。KGIを達成するために取り組むべき、個々の数値目標。

検索連動型広告

インターネット広告の一種で、検索エンジンで一般ユーザーが検索したキーワードに関連した広告を検索結果画面に表示する（テキスト形式）。

コンタクトセンター

企業の中で、顧客対応を行う部署。もともとは電話が中心だったのでコールセンターと呼ばれていたが、ネット化する中でメールやチャットなど、様々な顧客からのアクセスに対応することから、最近ではコンタクトセンターと呼ばれている。

コンテンツマーケティング

見込み客や顧客にとって価値のあるコンテンツを提供し続けることで、興味・関心をひき、理解してもらい、結果として売上につなげるマーケティング手法のこと。継続的に訪問したくなるコンテンツ戦略で、ブランドロイヤリティを向上させる力がある。ブログ、ポッドキャスト、動画、オンラインセミナー、PDF形式の小冊子、ホワイトペーパーなど、顧客が読みたくなるコンテンツを作成していくことが重要。

コンバージョン

ネット広告の分野では、広告や企業サイトの閲覧者が、会員登録や資料請求、商品購入など企業の望む行動を起こすことをいう。「単なる訪問者から会員や（見込み）顧客への転換」という意味合いがある。

CRM

Customer Relationship Managementの略。主に情報システムを用いて顧客の属性や接触履歴を記録・管理し、それぞれの顧客に応じたきめ細かい対応を行うことで長期的で良好な関係を築き、顧客満

足度を向上させる取り組み。また、そのために利用される情報システムのこと。

CTR

Click Through Rateの略。インターネット広告の効果を測る指標の1つ。広告がクリックされた回数を、広告が表示された回数で割ったもの。クリック率と同じ意味。

CTA

Call To Actionの略。日本語では「行動喚起」。Webサイトの訪問者を具体的な行動に誘導すること。もしくは、具体的な行動を喚起する、Webサイト上に設置されたイメージやテキストのこと。

CPE

Cost Per Engagementの略。SNS広告配信料金の単位の1つで、エンゲージメント1回あたりの料金。SNS上で配信した広告による投稿が「いいね！」やコメントやクリックされるとCPE1回分の料金が発生する。

CPA

Cost Per Acquisition / Cost Per Actionの略。広告単価の指標で、顧客獲得（acquisition）1人あたりの支払額。または、何らかの成果（action）1件あたりの支払額。

CPF

Cost Per FanまたはCost Per Followの略。SNS広告配信料金の単位の1つで、フォロワー1人獲得あたりの料金。SNS上で配信した広告を見てFacebookページのファンになったり、公式アカウントがフォローされたりするとCPF1回分の料金が発生する。

CPM

Cost Per Milleの略（Milleはラテン語で1,000を意味する）。つまり、1,000インプレッションあたりの広告単価。広告がクリックされた回数に関係なく1,000回のインプレッションに対して課金される。

CPC

Cost Per Clickの略。ネット広告掲載料金の単位の1つで、クリック1回あたりの料金。Webページやメールに掲載したテキスト広告やバナー広告などがクリックされ、顧客サイトに訪問者が訪れるとCPC1回分の料金が発生する。

CVR

Conversion Rateの略。企業Webサイトの訪問者数に対する、そのサイトで商品を購入したり会員登録を行ったりした人の割合。Webサイトの投資対効果を測る上で重要な指標である。

SIPS

「共感する（Sympathize）」→「確認する（Identify）」→「参加する（Participate）」→「共有 & 拡散する（Share & Spread）」の頭文字をとったもの。企業のコミュニケーション・プランニングなどにおいて、ソーシャルメディアを積極的に利用している生活者を考える上での概念。

視聴者維持率

視聴者が、どの程度動画の視聴を継続したかを示す指標。 視聴者維持率が高ければ、長時間視聴されており、低い場合は離脱が早いと判断できる。

視聴数

YouTubeをはじめとする動画配信サービスの指標。動画が視聴された回数を指す。再生数ともいう。また、動画が最後まで視聴されることを完全視聴という。

スタンプ

SNSやメッセージングアプリなどで使われるイラストを指す。ユーザー同士で相槌を打ったり、感情表現したりできる。企業がスポンサーとなって公式スタンプをつくることも可能。

ステークホルダー

企業などが活動する上で何らかの関わりを持つ人物や団体などのこと。直接的には株主や債権者、従業員、取引先、顧客、監督官庁などを指すが、事業内容などによっては地域住民や国民、投資家など広い範囲が対象に含まれる場合もある。

ストーリーズ

24時間期間限定で公開できる投稿の形式のこと。通常のタイムライン／フィードと異なり、何気ない日常風景や感想などを投稿したり、フェイスフィルターなどの加工・クイズなど、よりインタラクティブな投稿ができる。

セッション

期間内の合計訪問セッション数。セッションはユーザーがサイト接触している状態を指す。同一人物が別々の日に10回サイトに訪れたら10セッションとなる。

遷移率

複数にわたるWebページの起点から終点までの到達率。どの段階でユーザーに離脱されているのか、ボトルネックを特定する際に利用する。

ソーシャルアド／SNS広告

SNSなどのソーシャルメディアにおいて、ユーザー同士のつながり（ソーシャルグラフ）を情報として取り込んだ上で表示される広告のこと。Twitterではプロモ商品、LINEではLINE広告（旧Ads Platform）、YouTubeではYouTube広告、TikTokではTikTok Ads

などと呼ばれる。

Web上での人間の相関関係や、そのつながり・結び
つき。

誰とでも自由につながること（フォローや友達にな
る）ができ、かつ、情報の受発信（相互にやりとり）
ができるメディア。SNS以外にもブログや動画共有
サイトであるYouTube、ソーシャルブックマークな
どもソーシャルメディアに含めることもある。

ソーシャルメディア上で人々が日常的に語っている
会話や、自然な行動に関するデータを収集し、業界
動向の把握やトレンド予測、自社・ブランド・商品
に対する評価・評判の理解や改善に生かすこと。

顧客と個別・直接的な双方向コミュニケーションを
行い、相手の反応を測定しながら、ニーズや嗜好に
あわせて顧客本位のプロモーションを展開していく
マーケティング方法。データベースマーケティン
グ、インターネットマーケティング、CRM（顧客関
係管理）、One to Oneマーケティングなど、今日で
も重視されるマーケティング手法のベースとなって
いる。

SNSで自分の投稿に友達を関連づけられる機能。
Facebook、Twitter、Instagram、YouTube、
TikTokで利用可能。Facebookにおいては、タグづ
けされた友達の友達のニュースフィードに表示され
ることがある。表示公開範囲を設定できる。

SNSにおいて、ユーザーがいる場所や位置情報を共
有できる機能。お店や駅、公園やイベントなど様々
な位置情報にチェックインできる。チェックインで
きる場所をスポットと呼ぶこともある。

1ページしか閲覧されなかったセッション（ユーザー
が閲覧を始めたページから他のページに移動するこ
となくサイトを離脱したセッション）の割合。直帰
率が高いと訪問者を次ページへうまく誘導できてい
ないことになり、改善対象ページとして扱われる。

Twitterにおける投稿のこと。つぶやきと呼ばれる
ことが多い。

Twitter独自の分析機能。エンゲージメントの高い
ツイートやインプレッションなどを把握できる。
Twitterアカウントを持つと誰でも閲覧できる。

個々人あるいは法人宛に商品案内やカタログを送
付する方法による宣伝（販促）手段、あるいは営業
支援の仕組み。

機械学習の一種。深層学習ともいう。人間の脳神経
回路を真似たニューラルネットワークを何層にも重
ねた状態で学習すること。

Web広告の形式の一種で、Webページの一部として
埋め込まれて表示される、画像や動画などによる広
告。画面上部などに表示される縦長の画像広告を特
に「バナー広告」という。

数値化が不可能な文章や画像、音声などの形式をと
るデータのこと。定性情報とも呼ぶ。例えば、顧客
の生の声などが挙げられる。

選択肢から回答する形式のアンケート調査などで取
得したデータを数値化して分析する手法。数値化さ
れた情報がもとになるため、全体の構造や傾向が把
握しやすい。

効果測定などで得られたデータをもとに、次のアク
ションを起こしていくこと。

顧客の属性や過去の購買傾向をデータベースに記録
して区分し、それぞれの顧客に合ったサービスを提
供するマーケティング手法。顧客情報を登録した
データベースの構築と、その分析の2つの段階から
なる。

データベースに蓄積されている大量のデータから、
統計や決定木などを駆使して、マーケティングに必
要な傾向やパターンなどの隠された規則性、関係
性、仮説を導き出す手法のこと。

定型化されていない文章の集まりを自然言語解析の
手法を使って単語やフレーズに分割し、それらの出
現頻度や相関関係を分析して有用な情報を抽出する

こと。

デモグラフィック属性

人口統計学的な特徴を表す情報・データ。例えば、性別、年齢、未既婚、家族構成、世帯収入、個人収入、職業など。

動的検索広告

リスティング広告のようにキーワードを登録するのではなく、広告主のWebサイトを設定するだけでAdwordsのシステムがWebサイトを分析し、広告配信すべきキーワード、ランディングページ、広告見出しを抽出し、自動的に広告配信をする広告のこと。この広告により、キーワードとWebサイトの抜けや漏れを防ぎ、広告主の機会損失を防ぐことが可能となる。

TrueView

Googleが運営するYouTube内で展開される動画広告のフォーマットの名称。

トーク

LINEにおいて、友だちと会話するための場。第三者から閲覧されない。複数人のグループをつくることも可能。

友達／友だち

FacebookやLINE上でつながっている連絡先のことを指す。Facebookは"友達"、LINEは"友だち"と表記される。

トラッキング

アクセス解析に利用するサイトへの訪問者の情報を取得するために各ページに埋め込んでおくコード。Googleアナリティクスのトラッキングコードの場合は、訪問者がどこから来たのか、どのような検索キーワードを使ったのか、どのようなOSやブラウザを使っているのかという情報に加え、サイト内でどのページからどのページに移動し、最終的にどのページから出たのかまでが追跡できるようになっている。

トリプルメディア

オウンドメディア（Owned Media）、アーンドメディア（Earned Media）、ペイドメディア（Paid Media）のこと。

ニュースフィード／タイムライン

SNSにログインした時に最初に表示される画面で、フォローしている人やアカウント、ページなどの投稿が表示される場。表示順序は各社のアルゴリズムによる。タイムラインと呼ばれることもある。

ネイティブアド

ユーザーがいつも使っているメディアもしくはサービスの中で、自然になじむデザインや、機能で表示されるペイドメディアの一種。

バイラル・マーケティング

口コミを利用し、低コストで顧客の獲得を図るマーケティング手法。情報の広まり方がウイルスの感染に似ていることから、「ウイルス性の」という意味の「バイラル」の名を冠している。

バックエンド

ユーザーや他のシステムから見えないところでデータの処理や保存などを行う要素のこと。エンジニアやデベロッパーと呼ばれる人の活躍の場。Perl、PHP、Ruby、Java、Pythonなどのプログラミング言語が用いられる。データベースの管理システムなどがこれにあたる。逆にユーザーなどと直接やりとりする要素のことを「フロントエンド」と呼ぶ。

ハッシュタグ

「#」記号と、文字や半角英数字で構成される文字列のこと。発言内に「#○○」と入れて投稿すると、その記号つきの発言が検索画面などで一覧できるようになり、同じイベントの参加者や、同じ経験、同じ興味を持つ人の様々な意見が閲覧しやすくなる。

ハッシュタグフォロー

Instagramにおいて、ハッシュタグをフォローできる機能。ハッシュタグがついている投稿の人気投稿（ユーザーの興味・関心によって異なる）やストーリーズの投稿が閲覧できる。

バナー

もともとは垂れ幕を意味し、Webサイト上に表示される広告画像のこと。駆け出しのWebデザイナーはこのバナー画像制作の仕事を任せられることが多いらしい。バナーのサイズは様々で、Google Adsenseの推奨するサイズにあわせるのが一般的。

BtoC

Business to Consumer／Customerの略。企業と個人（消費者）間の商取引、あるいは、企業が個人向けに行う事業のこと。消費者向け事業が主体の企業のことをBtoC企業と呼ぶことがある。

BtoB

Business to Businessの略。企業間の商取引、あるいは、企業が企業向けに行う事業のこと。企業向け事業が主体の企業のことをBtoB企業と呼ぶことがある。

BtoBtoC

Business to Business to Consumerの略。他の企

業の消費者向け事業を支援・促進するような事業、あるいは、他の企業から仕入れた商品を消費者に販売する事業を指す。その取引や事業そのものは企業間で行われるが、全体としては顧客企業の消費者向け事業の一部になっているや、企業と消費者の仲立ちとなって取引を仲介・媒介するような事業のことを意味する。

ビジネスプロフィール（プロアカウント）

Instagramにおいて、アカウントのエンゲージメントやインプレッションを見る際に必要なビジネス利用向けのアカウント設定のこと。利用するにはFacebookページが必要。

ファーストビュー

Webの分野では、閲覧者がWebページを開いた際に、最初に表示される領域のことを指す。スクロールなどの操作をしなくても見ることができる範囲で、最も重要な内容を配置すべきとされる。

ファン

SNS上である公式アカウントをフォローすることや、公式ページに「いいね！」している人たちのこと。ファンになってもらうことで、そのページの投稿を閲覧できるようになる機能や仕組み。単に企業やブランドのファンを表すこともある。

Facebookインサイト

Facebookが提供しているFacebookページ分析の機能。ファンの属性や、投稿ごとのリーチ、エンゲージメントなどを確認できる。ページの管理権限を持つユーザーのみが閲覧可能。

フォロワー

TwitterをはじめとするSNSにおいて、特定のユーザーの更新状況を手軽に把握できる機能設定を利用し、その人の活動を追っている者のこと。

フラッシュマーケティング

Webマーケティング手法の一種で、期間限定で、割引価格などの特典がついた商品を販売する方式のこと。特に、クーポンを販売する共同購入サービスを指すことが多い。

プラットフォーム

あるソフトウェアやハードウェアを動作させるために基盤となるハードウェアやOS、ミドルウェアなどのこと。また、それらの組み合わせや設定、環境などの総体を指すこともある。

ブレインストーミング

数名ごとのチーム内で、1つのテーマに対しお互いに意見を出し合うことでたくさんのアイディアを生産し、問題の解決に結びつける創造性開発技法のこと。

Paid Media

企業が広告枠を購入して利用するメディアを指す。テレビ・ラジオ・雑誌・新聞の4大メディアによる広告や、スポーツやイベントなどのスポンサー契約により、商品やサービスを不特定多数の消費者へ認知させることが最大の目的となる。Web上では、バナー広告やリスティング広告などがその役割を担っている。

ペルソナ

企業が提供する商品・サービスにとって、最も重要で象徴的なユーザーモデル。氏名、年齢、性別、居住地、職業、勤務先、年収、家族構成といった定量的なデータだけではなく、その人の生い立ちから現在までの様子、身体的特徴、性格的特徴、人生のゴール、ライフスタイル、価値観、趣味嗜好、消費行動や情報収集行動などの定性的データを含めて、あたかも実在するかのような人物像を設定する。

ボット／チャットボット

Twitterであれば、自動ツイートやあるキーワードに反応してリプライをするシステム。FacebookメッセンジャーやLINEなどではチャットボットとも呼ぶ。予約や申し込みなど様々なシステムを組むことができる。語源はロボットからきている。

ホワイトペーパー

メーカーなどが、自社商品やその関連技術の優位性を訴えるために発行するもの。市場環境や技術動向の分析、導入事例やベストプラクティスの解説、他社商品との詳細な比較などをまとめた文書であることが多い。

メッセージ／ダイレクトメッセージ

FacebookやTwitter、Instagram、TikTokなどで、会話の内容を第三者に公開されないプライベートなメッセージを送信できる機能。Facebookの場合はメッセージグループをつくることも可能。

UGC

User Generated Content（ユーザー生成コンテンツ）の略。CMやWebサイトではなく、ユーザー自身のSNSの投稿やブログ商品レビューなどの総称。

ULSSAS

UGCを起点とした購買行動モデル。株式会社ホットリンクが提唱。UGC→Like→Search1（SNS検索）→Search2（Google/Yahoo!検索）→Action（購買）→Spread→再びLikeに戻っていく。

UU

Unique User（ユニークユーザー）の略。ある期間内において、同じWebサイトにアクセスしたユーザーの数のこと。ユニークユーザーの指標では、期

間内に同じユーザーが何度訪れても、まとめて1回の訪問としてカウントするため、サイト利用者の正味人数を計測することができる。

LINEユーザーのデータと企業のシステムの顧客情報などを連携させるための法人向けサービス。投稿を一斉配信するのではなく、1 to 1や双方向のコミュニケーションなど、様々なやりとりが可能になる。

SNSにおいて、オーガニックの投稿／広告問わず、何人に届いたかを表す指標。全ユーザー数に対する割合で表現されることもある。

発注から納品までに必要な時間。開発リードタイム、調達リードタイム、生産リードタイム、配送リードタイムに分解される。オペレーション品質を測定する4つの指標（スピード、正確性、コスト、継続性）のうちスピードを測る上での指標として使われる。

検索エンジンなどの検索結果ページに掲載される広告。特に、検索語と関連性の高い広告を選択して表示する広告。検索結果の表示にあわせ、テキスト広告となっていることが多い。

行動ターゲティング広告の1つで、検索サイトやバナー広告などから訪れた人のその後の行動を追跡し、再度表示させる広告。訪問者の行動に応じて興味の対象を絞り込み、効果的な広告を打てるため、通常のバナー広告よりもクリック率やコンバージョン率が高くなる。

プログラムの入力元や出力先を通常とは違うものに変更すること。MS-DOSやUNIXで採用された機能で、WindowsではMS-DOSプロンプト（コンソールアプリケーション）で利用できる。OSにリダイレクト機能が用意されていれば、その上で動作するプログラムには複数の入力元や出力先に対応させる処理を埋め込まずに済む。このため、プログラム開発の負担が軽減でき、プログラムの再利用性も高まる。

Webページのアクセス指標の1つで、そのページのページビューに対する、そのページを最後に別のサイトへ移動した人の割合のこと。サイトの訪問者全体に対する割合とする場合もある。離脱率が低いと訪問者を次ページへ誘導できていることであり、よいページとされる。

他の誰かのツイートを、自分のタイムラインで再度ツイートすること。

リッチメディア広告とも呼ばれる。インターネット上の広告に、音声や動画を用いたり、ユーザーからの応答を受けつけられる仕組みを付加したりしたもの。

データ量の少ない文字や静止画だけでなく、音声や動画など様々なメディアの情報を統合して扱うこと。ユーザーの操作によって表示情報が変わるなど、インタラクティブ性を持っていることも多い。

映像作品、アニメ作品に登場する人物の口の動きとセリフをあわせることを指す。TikTokでは映画やアニメ、音楽などにあわせてユーザーが口パク動画を投稿するなどの使い方が話題となった。

既存顧客との関係を維持していくためのマーケティング活動。既存顧客のニーズを吸収し、他の製品やサービスの案内を行うなどの方法で、定期的に既存顧客との接点を持つ。

データマイニングの際の相関分析の指標の1つで、ある関連購買傾向の比率を表す。

特定のユーザー名（@ユーザー名）から始まるツイートをリプライという。つまり、そのユーザー宛てのツイート。

サイトから去ってしまった人を追いかけていく広告。Cookie（クッキー）を訪問履歴の把握に利用する手法。

SNSの利用者向けと企業向けに定められているルールの総称。ガイドラインとも呼ばれることがある。広告配信やキャンペーンなど企業向けのルールが多く、違反するとページの一時利用停止などのペナルティを受けることもある。

Index | 索引

■会員特典データのご案内

本書の読者の皆さんに、SNSマーケティングの参考になる特典を差し上げています。詳細については、下記の提供サイトをご覧ください。

https://www.shoeisha.co.jp/book/present/9784798179254

※会員特典データのファイルは圧縮されています。ダウンロードしたファイルをダブルクリックすると、ファイルが解凍され、利用いただけます。

●注意

※会員特典データのダウンロードには、SHOEISHA iD（翔泳社が運営する無料の会員制度）への会員登録が必要です。詳しくは、Webサイトをご覧ください。

※会員特典データに関する権利は著者および株式会社翔泳社が所有しています。許可なく配布したり、Webサイトに転載したりすることはできません。

※会員特典データの提供は予告なく終了することがあります。あらかじめご了承ください。

●免責事項

※会員特典データの記載内容は、2023年6月15日現在の情報などに基づいています。

※会員特典データに記載されたURLなどは予告なく変更される場合があります。

※会員特典データの提供にあたっては正確な記述につとめましたが、著者や出版社などのいずれも、その内容に対してなんらかの保証をするものではなく、内容やサンプルに基づくいかなる運用結果に関してもいっさいの責任を負いません。

※会員特典データに記載されている会社名、製品名はそれぞれ各社の商標および登録商標です。

本書内容に関するお問い合わせについて

このたびは翔泳社の書籍をお買い上げいただき、誠にありがとうございます。弊社では、読者の皆様からのお問い合わせに適切に対応させていただくため、以下のガイドラインへのご協力をお願い致しております。下記項目をお読みいただき、手順に従ってお問い合わせください。

●ご質問される前に

弊社Webサイトの「正誤表」をご参照ください。これまでに判明した正誤や追加情報を掲載しています。

正誤表　https://www.shoeisha.co.jp/book/errata/

●ご質問方法

弊社Webサイトの「刊行物Q&A」をご利用ください。

刊行物Q&A　https://www.shoeisha.co.jp/book/qa/

インターネットをご利用でない場合は、FAXまたは郵便にて、下記"翔泳社 愛読者サービスセンター"までお問い合わせください。
電話でのご質問は、お受けしておりません。

●回答について

回答は、ご質問いただいた手段によってご返事申し上げます。ご質問の内容によっては、回答に数日ないしはそれ以上の期間を要する場合があります。

●ご質問に際してのご注意

本書の対象を越えるもの、記述個所を特定されないもの、また読者固有の環境に起因するご質問等にはお答えできませんので、予めご了承ください。

●郵便物送付先およびFAX番号

送付先住所　〒160-0006　東京都新宿区舟町5
FAX番号　　03-5362-3818
宛先　　　　(株)翔泳社 愛読者サービスセンター

著者紹介

長谷川 直紀 （はせがわ・なおき）
株式会社コムニコ代表取締役

立教大学経済学部卒。新卒でサイバーエージェントに入社し、営業部門でデジタル広告全般の業務を経験した後、博報堂とのジョイントベンチャー立ち上げに従事。オフラインのマーケティング業務も経験。2013年にコンサルタントとして株式会社コムニコに入社。キャリアを生かしたソーシャルメディアの活用＋αの提案を得意とし、企業のマーケティング活動全体の戦略立案、コンテンツのプランニング、キャンペーン設計などに従事。

本門 功一郎 （もとかど・こういちろう）
株式会社ジソウ代表取締役
一般社団法人SNSエキスパート協会 理事

立命館大学国際関係学部卒。大手外資系メーカーのマーケティング担当などを経て、2010年にコムニコに入社。コンサルタントとして様々なクライアントのSNSマーケティング支援を担当。2016年11月、一般社団法人SNSエキスパート協会を立ち上げ、理事に就任。現在は株式会社ジソウの代表取締役を兼務。

装丁・本文デザイン　　植竹 裕（UeDESIGN）
DTP　　　　　　　　株式会社シンクス

デジタル時代の基礎知識
『SNSマーケティング』第3版

「つながり」と「共感」で利益を生み出す新しいルール

（MarkeZine BOOKS）

2023 年 8 月 3 日　初版第 1 刷発行

著者　　　　　長谷川 直紀・本門 功一郎
発行人　　　　佐々木 幹夫
発行所　　　　株式会社 翔泳社（https://www.shoeisha.co.jp/）
印刷・製本　　中央精版印刷 株式会社

ISBN 978-4-7981-7925-4　　　　　　　　　　　　　　　　Printed in Japan